GÉNÉALOGIE

DE LA

MAISON DE REGNON

AVEC LE DÉTAIL DES PIÈCES QUI ONT SERVI A L'ÉTABLIR.

POITOU ET BRETAGNE.

ARMES : *d'azur à trois abeilles d'or, posées 2 et 1.* — COURONNE : *de marquis.*
SUPPORTS : *deux lions.* — DEVISE : *mel Regi.*

1859

Outre les seigneuries de la Gautronnière, de Chaligny et de la Ranconnière, la Maison de REGNON a encore possédé celles de la Maison-Neuve, de Puymaufrais, de Lambretière, de la Chevalerie, des Bigottières, du Page, de la Louherie, du Simon, de la Papaudière, de la Paclais, etc., etc.

6766 — NANTES, IMP. CHARPENTIER.

GÉNÉALOGIE

DE LA

MAISON DE REGNON.

La famille de Regnon, dont le Poitou fut le berceau, au diocèse de Luçon, occupe, depuis un temps immémorial, un rang des plus honorables dans la noblesse de France.

Sa noblesse est toute militaire, et les documents authentiques ne manquent pas pour l'appuyer, car elle ne possède pas moins de neuf ordonnances, arrêts ou maintenues de noblesse de 1582 à 1715 ([1]). En outre, un arrêt du Parlement de Bretagne du 20 août 1764, rendu en faveur de Louis-Richard, Marquis de Regnon, aïeul du chef actuel de la famille, lui accorda droit de séance avec voix délibérative aux États de Bretagne, en raison de l'ancienneté de sa noblesse et d'alliances avec des familles nobles de Bretagne, prouvées par cinquante-neuf pièces ou titres de famille (ainsi dans l'acte).

Parmi les alliances que cette famille a contractées, nous citerons les noms de Foucher de Sainte-Flaive (trois alliances); Symes (deux alliances); Templerie, du Chaillou, Jaillard, de la Gruhe, de Bessay, Durcot de la Grève, de Saligné, Robert de Lézardière (deux alliances); de Kerveno, Sonnet d'Auzon, de Goulaine, de Montigny, de Bernard de Marigny, de la Tribouille, de Béjarry, de la Roche

---

[1] Voir ci-après, dans les extraits des titres de la famille, page 21 et suivantes, les Nos 27, 28, 29, 30, 55, 56, 57, 58, 61.

Saint-André (trois alliances); de Chataigner, de Poictevin de la Rochette, de Grelier du Fougeroux (deux alliances); de Mauclerc de la Muzanchère, etc., etc.

Malgré la perte de nombreux titres de famille, qui eut lieu lors de l'incendie du château de la Ranconnière, en 1793, pendant l'émigration du Marquis de Regnon en Espagne, il est facile de suppléer à ces documents précieux, par les actes de l'état-civil, les documents historiques, les généalogies fournies en 1727 à l'ordre de Malte, les preuves de noblesse données par M. de Hozier pour l'admission aux pages du Roi.

Il résulte de ces documents, que la possession du titre de Marquis donné par Louis XIV à Frédéric de Regnon, en le créant lieutenant des maréchaux de France, en Poitou, avec survivance, date de plus de cent soixante ans.

Cette distinction s'adressa à la branche cadette de la Ranconnière, et non à la branche aînée de Chaligny, parce que la première est restée catholique et fidèle au Roi, tandis que la seconde ayant embrassé le protestantisme, quitta la France à la révocation de l'Édit de Nantes, et n'y rentra qu'en 1745, où elle abjura et recommença à servir le Roi dans la marine de l'État.

Tous les titres originaux, qui sont nombreux et que possédait la branche des Regnon de Chaligny, ont pu échapper, en 1793, à l'incendie des châteaux de la Vendée, parce que le château de Chaligny n'a pas été brûlé, et ils ont été remis par M. François-Hector-Henri de Regnon, dernier rejeton de cette branche éteinte à Nantes, en 1844, au chef actuel de la famille, le Marquis de Regnon, qui en est en actuelle possession. Cette remise officieuse a eu lieu peu de temps avant la mort du premier.

Ces titres ayant été, du reste, inventoriés en 1789, par M. l'abbé Brumaud de Beauregard, mort évêque d'Orléans, il a été facile d'établir, sur des titres originaux et authentiques, la filiation des trois branches de la maison de Regnon, de la manière la plus complète.

FILIATION.

I.

JACQUES REGNON, écuyer, seigneur de la maison noble de la Gautronnière, rendit en 1360, aveu et hommage de ses fiefs aux seigneurs évêques de Luçon.

Il avait épousé noble demoiselle Marie Foucher, fille de M. Foucher, écuyer, seigneur du Gué Sainte-Flaive, famille noble de Poitou, dont il eut :

> 1° JACQUES REGNON qui suit;
>
> 2° JEHAN REGNON, nommé abbé commandataire de l'abbaye royale des Fontenelles, près Luçon, en 1412, et mort en 1440. (Voir la *Gallia christiana*, tome II, édité en 1720, page 1436).

II.

JACQUES REGNON, II° du nom, écuyer, seigneur de la Gautronnière, marié en 1395, figure dans le testament de son fils Nicolas, du 12 décembre 1480, et dans les sentences de maintenue de noblesse rendues les 13 mars et 7 juillet 1582 par M. de Talloue, commissaire du roi Henri III, et le 20 avril 1599 par Philippe de Héré, commissaire du roi Henri IV.

De son mariage avec noble demoiselle Mathurine Symes, il eut :

> NICOLAS REGNON qui suit :

III.

NICOLAS REGNON, écuyer, seigneur de la Gautronnière, épousa, en 1433, noble demoiselle Annette Templerie, dont il eut :

1° PIERRE REGNON qui suit ;
2° LOUIS REGNON, écuyer, qui fut prêtre-chanoine, et testa en faveur de Jean, son neveu, le 23 janvier 1511 ;
3° MARGUERITE REGNON, qui épousa, en 1498, Mallet, écuyer.

IV.

PIERRE REGNON, écuyer, seigneur de la Gautronnière, comparut, en 1467, au ban convoqué pour le Poitou par Yvon du Fou. Il avait épousé en 1469, noble demoiselle Marie Symes, dont il eut :

1° JEAN REGNON qui suit ;
2° GENEVIÈVE REGNON ;
3° ISABEAU REGNON.

V.

JEAN REGNON, écuyer, seigneur de la Gautronnière, qui épousa, en 1505, demoiselle Louise du Chaillou, dont il eut :

1° JEAN REGNON II qui suit ;
2° LOUIS REGNON, écuyer, seigneur de la Maison-Neuve, et de Puymaufrais, marié à demoiselle Françoise de la Gruhe, dame de Chaligny, auteur de la branche des Regnon de Chaligny, dont l'article viendra ci-après ;
3° FRANÇOIS REGNON, mort jeune ;
4° ANTOINETTE REGNON, mariée en 1586 à Léon Belleau, écuyer, seigneur de la Béraudière.

VI.

JEAN REGNON, IIe du nom, écuyer, seigneur de la Gautronnière, fut convoqué au ban de la noblesse en 1557, et produisit un certificat constatant qu'il était hors d'état de pouvoir y assister. M. de Talloue, envoyé par le Roi Henri III pour la recherche des usurpateurs de la noblesse, rendit en faveur de Jean Regnon et de Louis Regnon, son frère, deux ordonnances en date des 13 mars et 7 juillet 1582 (titre original).

De son union avec demoiselle Catherine Jaillard, fille de Jaillard, écuyer, il eut quatre fils, savoir :

1° FRANÇOIS REGNON qui suit ;
2° ALAIN REGNON, écuyer, seigneur de la Rataudière, qui fit maintenir sa noblesse par M. de la Parisière, commissaire du Roi Henri IV, par une sentence du 7 janvier 1605, qui rappelle les deux ordonnances de M. de Talloue (titre original), mort sans postérité ;
3° JEAN REGNON, écuyer, seigneur de Lambretière et de la Braconnière, mort sans postérité ;
4° AIMÉ REGNON, mort jeune.

VII.

FRANÇOIS REGNON, chevalier, seigneur de la Gautronnière, obtint le 20 avril 1599, une sentence de maintenue de noblesse rendue sous Henri IV par Philippe de Héré, en sa faveur et celle de ses frères Alain et Jean Regnon, ainsi que de son cousin-germain Louis Regnon de Chaligny, IIe du nom (titre original).

Il épousa, en 1585, demoiselle Jacquette Marin. De cette union est né :

JEAN III REGNON qui suit :

VIII.

JEAN REGNON, IIIe du nom, chevalier, seigneur de la Gautronnière, qui épousa en 1615, en premières noces, demoiselle Angélique Foucher, fille de Foucher, écuyer, seigneur du Gué Sainte-Flaive, dont il eut :

GASTON REGNON qui suit :

Il épousa en secondes noces Marie Robert de Lézardière, fille de Pierre de Lézardière, gentilhomme de la chambre du Roi, et de demoiselle Lia de la Muce.

IX.

GASTON DE REGNON, chevalier, seigneur de la Gautronnière, qui épousa noble demoiselle Magdelaine Pinaud.

Il eut de cette union deux garçons morts jeunes, et deux filles qui prirent le voile et moururent religieuses.

En lui s'éteignit la tige principale et directe des Regnon, seigneurs de la Gautronnière.

BRANCHE DES REGNON DE CHALIGNY (¹)

(ÉTEINTE).

VI.

LOUIS REGNON, écuyer, seigneur de la Maison-Neuve, de Puymaufrais, fils cadet de Jean Regnon et de Louise du Chaillou, est le chef de la branche de

---

(1) Pour preuves de l'union et de la filiation commune des deux branches de Chaligny et de la Gautronnière, on peut :

Voir ci-après, page 21 et suivantes, au N° 27, les deux ordonnances de M. de Talloue, commissaire du Roi Henri III, des 13 mars et 7 juillet 1582, lesquelles sont communes (y est-il dit), aux deux FRÈRES Jean II, seigneur de la Gautronnière, et Louis I, seigneur de Chaligny.

Voir, au N° 28, la sentence de Philippe de Héré, commissaire du Roi Henri IV, en date du 20 avril 1599, laquelle est délivrée (y est ainsi dit), tant au profit de trois membres de la branche Gautronnière Alain Regnon, seigneur de la Rataudière, et son frère aîné François Regnon, seigneur de la Gautronnière, et son autre frère Jean Regnon, seigneur de Lambretière, qu'au profit de leur cousin-germain Louis II, seigneur de Chaligny.

Voir, au N° 29, la confirmation des sentences de maintenue de noblesse ci-dessus, au profit des mêmes individus appartenant aux deux branches, délivrée par M. de la Parisière, commissaire du Roi Henri IV, du 7 janvier 1605.

Voir, au N° 54, la maintenue de noblesse qui établit que Henri Regnon, écuyer, seigneur de Chaligny, est descendu d'un cadet des Regnon de la Gautronnière, et qu'il a produit des titres justificatifs de sa noblesse en date du 9 août 1667, signé Barentin.

Voir, dans les titres primitifs originaux, au N° 20, le contrat de mariage de Louis I, chef de la branche de Chaligny, seigneur de la Maison-Neuve, avec demoiselle Françoise de la Gruhe, dame

Chaligny. Il est nommé dans les deux ordonnances de M. de Talloue, des 13 mars et 7 juillet 1582, rapportées plus haut.

De son mariage en 1560 avec Françoise de la Gruhe, dame de Chaligny, il eut :

LOUIS II REGNON qui suit :

---

de Chaligny, où il est dit que ce mariage se fait *du consentement* de Jehan Regnon, écuyer, seigneur de la Gautronnière, son FRÈRE AÎNÉ, acte passé au châtel noble de Chaligny, par Jehan Bouyer, notaire, le 4 janvier 1571.

Voir, aux titres primitifs, le Nº 21, la transaction entre Louis I, seigneur de Chaligny, et Jean II, seigneur de la Gautronnière, *frères,* laquelle confirme que Louis est fils de Jean I, seigneur de la Gautronnière, auteur des deux contractants, passée par devant les notaires Gobelet et Petiteau, à Puymaufrais, le 5 octobre 1546.

Voir, aux titres primitifs, le Nº 22, où toute la filiation entre les deux branches de la Gautronnière et de Chaligny, est très-clairement établie dans les *partages nobles* entre François Regnon, écuyer, seigneur de la Gautronnière, et ses frères et sœurs d'une part, et de l'autre, Louis I Regnon, écuyer, seigneur de la Maison-Neuve et de Chaligny, ONCLE (y est-il dit), des co-partageants des successions réservées, à la mort des ascendants, communes aux deux branches. Lequel acte est soussigné des notaires Barbier et Guerry, à la date du 23 avril 1596.

Voir, aux titres primitifs, le Nº 24 : Louise du Chaillou, mère commune des deux branches, se sert de son fils Louis I, chef de la branche de Chaligny, de préférence à son neveu François, trop jeune pour la gestion de ses propres biens, et notamment pour rendre hommage de son hôtel et prévôté de Puymaufrais, acte passé par Charles Rouault, le 10 juin 1567.

Voir, aux titres primitifs, les Nºˢ 31, 32, 33, 34, 35, 36 rappelant tous les actes nés de procès entre les deux branches de la Gautronnière et de Chaligny, pour le partage, entre les intéressés, des successions de leurs aïeux et aïeules communs, Jean I et Louise du Chaillou, seigneur et dame de la Gautronnière, et de leur bisaïeule commune aux deux branches, Marie Symes ; partages ordonnés par la sénéchaussée de Poitiers et par l'arrêt du Parlement de Paris, en date du 17 juillet 1604. Or, dans toutes ces pièces ou titres originaux, on mentionne, comme hors du moindre doute, les faits non contestés que les deux branches des Regnon de la Gautronnière et des Regnon de Chaligny ont les mêmes aïeux et aïeules, bisaïeux et bisaïeules, dans ce partage de successions des mêmes ascendants.

Tous ces actes primitifs et originaux rapportés ici, en regard des mêmes preuves fournies par les sentences ci-dessus des commissaires du Roi, confondent les deux branches de la Gautronnière et de Chaligny dans les mêmes droits de noblesse, et portent au dernier degré d'évidence, les liens, l'union et la filiation des deux branches.

VII.

LOUIS REGNON, IIe du nom, chevalier, seigneur de Chaligny et de la Ranconnière, nommé dans la sentence de maintenue de noblesse rendue par Philippe de Héré, le 20 avril 1599, énoncée ci-dessus.

De sa femme, demoiselle Marthe de Bessay, fille de messire Giron de Bessay, il eut :

1° HÉLIE REGNON qui suit ;

2° RENÉ REGNON, qui épousa demoiselle Renée de Jaudouin ; sa veuve s'est remariée à messire Hélie de Goulaine ;

3° GIRON REGNON, qui épousa demoiselle Esther Beraud de l'Angle ; ces deux derniers morts sans postérité;

4° SUZANNE REGNON ;

5° JONAS REGNON
6° PIERRE REGNON } non mariés.
7° LOUIS REGNON

VIII.

HÉLIE REGNON, capitaine de chevau-légers, seigneur de Chaligny, de Villeneuve, de la Ranconnière, épousa Louise Durcot, fille du baron de la Grève, gentilhomme ordinaire de la chambre du Roi, dont il eut :

1° HENRI REGNON qui suit ;

2° HÉLIE REGNON, seigneur des Bigottières, auteur de la branche de la Ranconnière, dont l'article viendra à sa place ;

3° LOUISE REGNON épousa messire Gabriel des Villates, chevalier, seigneur de Champagné ;

4° SILVIE REGNON } non mariées.
5° SUZANNE REGNON

IX.

HENRI REGNON, chevalier, seigneur de Chaligny et de la Chevalerie (protestant), est désigné dans une sentence de maintenue de noblesse rendue le 9
août 1667, par M. Barentin, comme descendant d'un cadet des Regnon de la
Gautronnière et comme ayant produit les titres justificatifs de sa noblesse, et dans
trois autres sentences rendues en sa faveur par M. de Marillac, le 14 août 1679,
par les commissaires-généraux, le 21 novembre 1693, et par M. de Maupeou,
le 19 mars 1700.

Il avait épousé, en 1671, Renée de Saligné, fille de Louis de Saligné, chevalier,
seigneur de la Lardière, dont il eut :

> 1° Louis Regnon qui suit ;
> 2° Suzanne Regnon, qui épousa messire Grelier du Fougeroux, che-
> valier, seigneur des Aspoix.

X.

LOUIS REGNON, IIIe du nom, chevalier, seigneur de Chaligny et de la Lardière, obtint de M. de Richebourg, commissaire délégué en Poitou, une sentence
de maintenue de noblesse, le 22 août 1715; émigra en Angleterre comme protestant, lors de la révocation de l'Édit de Nantes. Il épousa demoiselle Sonnet
d'Auzon, fille de Sonnet d'Auzon, chevalier, seigneur de la Boulaye, et de Marie
Michel.

De cette union sont nés :

> 1° Henri Paul de Regnon qui suit;
> 2° Marie Bénigne de Regnon, non mariée.

XI.

HENRI PAUL DE REGNON, chevalier, seigneur de Chaligny, etc., qui abjura le protestantisme sur la fin de ses jours, rentra en France et mourut à Luçon en 1745.

De son mariage avec demoiselle Suzanne de Bernard de Marigny, il eut :

1° HENRI-GABRIEL-GASPARD DE REGNON qui suit ;

2° BÉNIGNE DE REGNON } non mariées.
3° HENRIETTE DE REGNON

4° MARIE-FRANÇOISE-PAULE DE REGNON, mariée à messire Charles-François de Béjarry, chevalier, seigneur de la Roche-Gueffier, dont trois fils, Bonaventure, Balda et Armand, furent chevaliers de Malte ;

5° ANGÉLIQUE DE REGNON } non mariées.
6° ARMANDE DE REGNON

XII.

HENRI-GABRIEL-GASPARD DE REGNON, chevalier, seigneur de Chaligny, etc., servit, dans la marine Royale, comme lieutenant des vaisseaux du Roi, devint chevalier de Saint-Louis et lieutenant des maréchaux de France. Il mourut en 1806, laissant de son mariage avec Élisabeth de Plouer en 1764 :

1° FRANÇOIS-HECTOR-HENRI DE REGNON qui suit ;

2° BIBIANE DE REGNON, mariée à M. Louis de Citoys, chevalier, seigneur de Fléac. Sa fille a épousé Henri de Puybernaud, chevalier, seigneur de Saint-Sornin, près Luçon ;

3° EUGÉNIE DE REGNON, mariée à M. Henri Ramfrais de la Bajonnière, chevalier, dont la fille a épousé M. Benjamin de la Roche-Saint-André, seigneur de la Grassière ;

4° HORTENSE DE REGNON, mariée à M. Esprit-Édouard de Chataigner, chevalier ;

5° ESTHER DE REGNON, mariée à M. Antoine Poictevin de la Rochette, chevalier, seigneur de la Rochette.

XIII.

FRANÇOIS-HECTOR-HENRI DE REGNON, seigneur de Chaligny, émigra, en 1791, en Allemagne, et servit dans l'armée de Condé. A son retour en France, il fut nommé chevalier de Saint-Louis, officier de la Légion-d'Honneur, et mourut à Nantes en 1844, sans laisser de postérité mâle de son mariage avec demoiselle Langlois de la Roussière.

Il a laissé deux filles mariées : l'une, Nathalie de Regnon, mariée à messire Ernest de Grelier du Fougeroux, chevalier, seigneur du Fougeroux; et l'autre, Onésime de Regnon, mariée à M. de la Paumelière, en Anjou.

En lui s'éteignit la branche collatérale des Regnon de Chaligny, qui a duré près de 300 ans.

IIᵉ BRANCHE DES MARQUIS DE REGNON DE LA RANCONNIÈRE (¹)

(EXISTANTE).

IX.

HÉLIE REGNON, IIᵉ du nom, chevalier, seigneur de la Ranconnière, du Simon et des Bigottières, fils cadet de Hélie I Regnon, décédé en 1664, et de Louise Durcot, fille de messire Pierre Durcot, gentilhomme de la chambre du Roi,

---

(1) Pour preuves de l'union et de la filiation commune des deux branches de Chaligny et de la Ranconnière, on peut :

Voir ci-après, page 21, au Nº 55, la maintenue de noblesse délivrée par M. de Marillac, commissaire du Roi Louis XIV, le 14 août 1679, tant pour Henri Regnon, chevalier, seigneur de Chaligny (y est-il dit), que pour son frère Hélie II, chevalier, seigneur des Bigottières (qui est devenu plus tard seigneur de la terre de la Ranconnière, possédée par son père et son bisaïeul de la branche de Chaligny). Ledit Hélie II est le chef de la branche actuellement existante, dite de la Ranconnière.

Voir, aux titres primitifs, le Nº 51, l'acte des partages nobles des biens des successions de Hélie I Regnon, chevalier, seigneur de Chaligny et de Marie-Louise Durcot, entre les enfants : 1º Henri Regnon, chevalier, seigneur de Chaligny ; et 2º Hélie II Regnon, chevalier, seigneur des Bigottières ; partages reçus par Robin et Chevalier, notaires, le 19 novembre 1664.

Voir au Nº 52, l'acte de partage de marais et domaines de la succession de Hélie I, chevalier, seigneur de Chaligny, et de Louise Durcot, son épouse, entre leurs enfants (Henri, seigneur de Chaligny et Hélie II, seigneur des Bigottières). Cet acte reçu en présence des notaires Robin et Fénier, le 11 juin 1667.

Voir les preuves de Malte ci-après, qui établissent que Hélie II, père de Frédéric, marquis de

chevalier, baron de la Grève, épousa en 1676, noble demoiselle Louise Robert, fille de messire Robert, chevalier, seigneur de Fief-Gaubert, dont il eut :

1º FRÉDÉRIC DE REGNON qui suit ;

2º LOUIS HÉLIE DE REGNON, qui épousa dame Perside de Vay de la Fleuriais, dont il n'eut pas d'enfants ;

3º Demoiselle MARIE DE REGNON, morte fille.

Regnon, lieutenant des maréchaux de France, est fils de Hélie I, seigneur de Chaligny, et de dame Louise Durcot et petit-fils de Louis II, seigneur de Chaligny et de Marthe de Bessay.

Voir les preuves *de page du Roi* faites par devant d'Hozier, généalogiste de France, pour Louis-Bénigne-Jean de Regnon, reçu en 1771 à la Petite-Écurie, et qui reproduisent la même généalogie, et une nouvelle preuve que Hélie II, chef de la branche de la Ranconnière, est fils de Hélie I, seigneur de Chaligny, et petit-fils de Louis II de la branche de Chaligny.

Voir ci-après la preuve qui a été faite le 14 août 1764, par devant le Parlement de Bretagne par l'aïeul du chef actuel de la famille, au moyen des *cinquante-neuf* titres ou documents produits (est-il dit dans l'acte), et prouvant la *noblesse d'ancienne extraction* de la famille de la branche des Regnon de la Ranconnière, comme sortie de la branche des Regnon de Chaligny et de la tige des Regnon de la Gautronnière ; preuve qui a motivé l'arrêt du Parlement de Bretagne du 20 août 1764, qui admet Louis-Richard de Regnon à être inscrit sur le catalogue des gentilshommes de la Bretagne, *avec droit d'entrée, de séance et de voix délibérative, aux États de Bretagne,* suivant l'usage et privilèges des nobles de la province.

Conséquemment, la branche des Regnon de la Ranconnière est la dernière sortie, par Hélie II, en 1676, de l'ancienne branche des Regnon de Chaligny, quand celle-ci était sortie par Louis I, en 1576, de la tige principale des Regnon de la Gautronnière, dont la noblesse de temps immémorial se prouve par titres remontant à 1360.

Tout ceci constitue un ensemble de preuves de la plus haute évidence et est confirmé en Poitou par la notoriété publique. On sait que les deux terres de Chaligny et de la Ranconnière sont à peu près contiguës, et que la plus parfaite union de sentiments et de bonne parenté a toujours existé entre ces deux branches. En 1797, après la guerre de la Vendée, le père de M. François-Hector-Henri de Regnon de Chaligny (qui, âgé, était resté en France), racheta une partie des biens séquestrés et mis en vente du marquis de Regnon de la Ranconnière, son cousin, et les lui remit généreusement à son retour d'Espagne, ne les ayant fait acheter que dans cette pure intention. Ce qui prouve une vieille et sincère liaison entre les deux branches.

De plus, tous les papiers primitifs, ici relatés, viennent de la branche de Chaligny, qui a pu les conserver pendant les temps de la guerre de la Vendée, dans un coin de grenier du château de Chaligny, qui ne fut pas brûlé ; et ils ont été remis au chef actuel de la famille par son cousin et son ami M. François-Hector-Henri de Regnon de Chaligny, quelques années avant sa mort, pour lui être utiles au besoin, puisque la branche de Chaligny allait s'éteindre, faute de descendant mâle et que la branche de la Ranconnière allait être la seule existante.

X.

FRÉDÉRIC DE REGNON, chevalier, seigneur de la Ranconnière, du Page, du Simon, etc., qui fut créé Marquis par Louis XIV, servit d'abord comme capitaine dans un régiment de l'Isle-de-France et fut nommé lieutenant des maréchaux de France en Poitou (avec la survivance). Il avait épousé noble demoiselle Junie de Kerveno, fille de messire de Kerveno, chevalier, seigneur de Kerveno, et de Jeanne Benigne de Brion, dont il eut cinq fils :

1° LOUIS RICHARD, marquis DE REGNON qui suit ;
2° FRÉDÉRIC-BENJAMIN DE REGNON, capitaine de dragons, mort sans postérité ;
3° JEAN-FRANÇOIS-HIPPOLYTE DE REGNON, chevalier de l'ordre de Saint-Jean-de-Jérusalem en 1727, qui fut d'abord page du 65ᵉ grand-maître de l'ordre Don Antonio Manoël de Villhena ;
4° ISAAC-BENIGNE DE REGNON, qui fut vicaire-général de Nantes, archidiacre de Lamée et abbé commandataire de l'abbaye royale de Carnoët ;
5° PIERRE-HENRI DE REGNON, chevalier de l'ordre de Saint-Jean-de-Jérusalem à Malte, qui fut tué en 1734, à bord d'une galère de l'ordre de Malte, dans un combat contre les Turcs.

XI.

LOUIS RICHARD, marquis DE REGNON, seigneur de la Ranconnière et du Simon, chevalier de Saint-Louis, capitaine au régiment de Grammont cavalerie, lieutenant des maréchaux de France en Poitou, de 1751 à 1771, épousa en 1752, noble demoiselle Ursule de Goulaine, dame de la Paclais, de la Garde, des Mesliers, dont il eut :

1° LOUIS-BENIGNE-JEAN DE REGNON, qui suit ;
2° Demoiselle URSULE-SUZANNE-VÉRONIQUE DE REGNON, mariée à messire Augustin-Joseph de la Roche-Saint-André, chevalier, seigneur du Fief-Gourdeau, qui devint seigneur de la Garde et des Mesliers

3

XII.

LOUIS-BÉNIGNE-JEAN, marquis DE REGNON, seigneur du Simon, de la Ranconnière, de la Papaudière et de la Paclais, fit ses preuves de noblesse en 1771, par devant d'Hozier, généalogiste du Roi, pour être admis au nombre des pages de Sa Majesté, et fit partie de la petite écurie de 1771 à 1774, puis servit comme officier en 1774 dans le régiment du Roi, infanterie, et émigra en Espagne en 1791.

De son mariage avec demoiselle Rosalie Carré de Sainte-Gemme, il laissa trois fils et trois filles :

1° HIPPOLYTE-MARIE-VALÉRY, marquis DE REGNON, qui suit ;

2° THÉODORE DE REGNON, qui fut officier dans l'armée vendéenne et capitaine au 4° régiment d'infanterie de la garde royale, mort sans postérité en 1829 ;

3° ADOLPHE DE REGNON, qui mourut curé de Saint-Herblain, en 1835 ;

4° ALBERTINE-MARIE-HENRIETTE DE REGNON, décédée ;

5° ROSALIE-MARIE-CAROLINE DE REGNON ;

6° AGLAÉ-MARIE DE REGNON, morte religieuse au couvent de la Visitation de Nantes.

XIII.

HIPPOLYTE-MARIE VALÉRY, marquis DE REGNON, né en 1785, chef de nom et d'armes de la famille, chevalier de l'ordre de la Légion-d'Honneur et de l'ordre de Charles III d'Espagne, membre de l'Académie pontificale de la religion catholique, à Rome, ancien commissaire-général des postes militaires des cinq corps d'armée entrés en Espagne en 1823, sous le commandement de S. A. R. le duc d'Angoulême, auteur d'un grand nombre d'écrits publiés pour la défense de la liberté et de l'enseignement de l'Église catholique.

Il a épousé en 1823 mademoiselle Hélène de la Porte Lalanne, fille du Conseiller d'État sous Louis XVIII et Charles X.

Il est père de cinq enfants, dont quatre fils et une fille.

Note. — Cette Notice Généalogique a été dressée par M. le vicomte de Magny, directeur de l'Institut Héraldique à Paris, et auteur du *Nobiliaire Universel de France,* sur la communication des titres et des preuves conservés dans la famille, dont le détail suit ci-après.

M. le vicomte de Magny a reçu du gouvernement une médaille d'or pour l'utilité et le mérite de la publication du *Nobiliaire Universel.*

EXTRAITS DES TITRES PRIMITIFS ET ORIGINAUX

Conservés aujourd'hui par la famille de Regnon, et tels qu'ils ont été classés, numérotés, annotés et inventoriés au château de Chaligny en 1788 et 1789, par M. l'abbé Brumaud de Beauregard, alors grand-vicaire de Poitiers, décédé évêque d'Orléans.

Jacques I Regnon, écuyer, seigneur de la Gautronnière, marié en 1360, à Marie Foucher, demoiselle, fille de Foucher, écuyer, seigneur du Gué Sainte-Flaive (dont un parent, Hélie Foucher, fut le 14ᵉ abbé commandataire de l'abbaye royale de Fontenelle, en 1368). Il est connu par les sentences de commissaires du Roi rapportées ci-dessous et par des aveux aux seigneurs évêques de Luçon.

Nº 1.

Jacques II Regnon est connu par le testament de Nicolas Regnon, son fils, écuyer, seigneur de la Gautronnière, en date du 12 décembre 1480, rapporté par les notaires Mahé et Chastegner, mentionné dans la sentence de Philippe de Héré, commissaire du Roi, pour la recherche des usurpateurs de la noblesse et le fait des tailles, ci-après mentionnées, en date du 20 avril 1599, et par deux ordonnances de M. de Talloue, en date du 13 mars et 7 juillet 1582. (Inventaire, page 6, Nº 9 et Nº 10.)

Nº 2.

Jacques Regnon avait épousé Mathurine Symes, demoiselle, ce qui est prouvé par transaction entre Nicolas Regnon et André Corail pour retrait d'un moulin vendu par Mathurin Symes et retiré par Nicolas Regnon, cousin dudit Symes, à cause de sa mère. Cet acte est de 1462. (Inventaire, page 1, Nº 2.)

Nº 3.

Jacques Regnon avait pour frère Jehan Regnon, 18ᵉ abbé commandataire de l'abbaye royale de Fontenelle, diocèse de Luçon ; le cartulaire de cette abbaye rapporte des actes de cet abbé dès l'année 1412. MM. de Regnon ont conservé deux actes de cet abbé, et le même cartulaire fait connaître Jehan Regnon comme prieur de cette abbaye en 1402 et 1404. (Documents historiques consignés dans la *Gallia Christiana*, tome II, édité en 1720, *ex regiâ typographiâ*, page 1436, où l'on lit : *Johannès II Regnon*, 18ᵉ abbé de Fontenelle, de 1412 à 1440, *ex procuratore factus abbas*).

Nº 4.

Contrat de mariage de Marguerite Regnon, demoiselle, fille de feu noble homme Nicolas Regnon, seigneur de la Gautronnière et d'Agnette Templerie, auquel comparaît Pierre Regnon, écuyer, fils de Nicolas Regnon. Cet acte passé par les notaires Michel Beraud et Florent Maussion, prêtres, sous les scels de la Roche-sur-Yon et du doyenné de Talmont, est du 15 novembre 1498. (Inventaire, page 1, Nº 1.)

Nº 5.

Testament de Louis Regnon, prêtre, par lequel il donne à Marie Symes, demoiselle, tous ses meubles ou acquêts, et dans le cas où elle se marie, à Jehan Regnon, écuyer, fils de ladite Symes et de Pierre Regnon, écuyer, son frère aîné. Ce testament signé Regnon, est reçu par les notaires Rousseau et Morsa, le 8 novembre 1504. (Inventaire, page 2, Nº 1.)

Nº 6.

Testament de Louis Regnon, prêtre, chanoine et secrétaire de l'église collégiale de Montaigu, où il dit qu'il recommande son âme à sa sœur Marie Symes, veuve de Pierre Regnon, écuyer, seigneur de la Gautronnière, son frère aîné : qu'il donne à sa dite sœur ses meubles et acquêts, et, en cas qu'elle vienne à mourir avant lui ou à se remarier, qu'il les donne à Jehan Regnon, écuyer, seigneur de la Gautronnière, son neveu, fils de ladite Marie Symes. Il ordonne que les partages faits par le testament de feu Nicolas Regnon, écuyer, seigneur de la Gautronnière, son père, soient exécutés. Cet acte reçu par les notaires Jean Sauvage et Nicolas Amiaud, est du 23 janvier 1511. (Inventaire, page 3, Nº 2.)

Nº 7.

Contrat de mariage de Geneviève Regnon, demoiselle, fille de feu Pierre Regnon, écuyer, seigneur de la Gautronnière, et de demoiselle Marie Symes, passé le 5 octobre 1506, par les notaires Guerry et J. Voyer. (Inventaire, page 3, Nº 3.)

N° 8.

Contrat de mariage de demoiselle Ysabeau Regnon, fille de défunt noble et honorable homme et sage maître Pierre Regnon, en son vivant, écuyer, seigneur de la Gautronnière, et de demoiselle Marie Symes, sa veuve, auquel comparaît maître Jean Regnon, écuyer, liciencié ès-lois, frère de ladite Ysabeau. Cet acte passé sous le scel de la principauté de Talmont, par les notaires Pierre Bonneau et Sébastien Monnereau, est du 20 janvier 1514. (Inventaire, page 3, N° 4.)

N° 9.

Contrat de cession de certains biens, passé entre Geneviève Regnon, demoiselle, épouse de Pierre Mallet, et demoiselle Marie Symes, veuve de défunt Pierre Regnon, en son vivant, écuyer, seigneur de la Gautronnière, concernant l'exécution du contrat de mariage de ladite Geneviève. Cet acte est reçu par les notaires Bodin et Tantet, le 26 avril 1513. (Inventaire, page 3, N° 5.)

N° 10.

Transaction passée entre Renaud Gouffier, écuyer, seigneur de la Grignonnière, Gérard du Bourg, écuyer, comme époux de deux Symes, et Marie Symes, demoiselle, veuve de Pierre Regnon, écuyer, seigneur de la Gautronnière, concernant des parages communs avec Marie Symes, par les notaires Lhopitaux et Voyer, le 24 juin 1510. (Inventaire, page 3, N° 6.)

N° 11.

Hommage fait par Marie Symes, veuve de Pierre Regnon, écuyer, seigneur de la Gautronnière, à Pierre de Barro, abbé de Fontenelle, 1er juin 1530. (Inventaire, page 3, N° 9.)

N° 12.

Donation faite par noble homme messire Louis Regnon, prêtre secrétaire, chanoine de l'église collégiale de Montaigu, et aussi par demoiselle Marie Symes, veuve de feu Pierre Regnon, écuyer, seigneur de la Gautronnière, à Jean Regnon, fils de ladite Symes et de Pierre Regnon, écuyer, de tous leurs biens meubles et acquêts, pour servir audit Jean à l'entretien de ses études, en l'Université de Poitiers, et pour y prendre le degré de licencié en droit, reçue par Maurice Lhopitaud et Michau Roulleau, notaires, 4 juin 1508. (Inventaire, page 4, N° 1.)

N° 13.

Testament de demoiselle Marie Symes, veuve de feu Pierre Regnon, écuyer, seigneur de la Gautronnière, où elle fait le partage de ses biens entre ses enfants et où elle donne ses meubles et acquêts à Jean II Regnon, écuyer, son petit fils, et héritier principal de Jean I Regnon, écuyer, seigneur de la Gautronnière, son fils. Cet acte passé sous le scel de la principauté de la Roche-sur-Yon, et du doyen de Talmondois, est reçu par les notaires Pierre Briteau et Jean Pouillalleau, le 28 juin 1532. (Inventaire, page 4, N° 2.)

N° 14.

Donation faite par Jean I Regnon, écuyer, seigneur de la Gautronnière et demoiselle Louise du Chaillou, sa femme, à Jean II Regnon, écuyer, leurs fils aîné, écolier étudiant en l'Université de Paris, des biens conquêts et des meubles, y compris ceux que Jean Regnon a reçus par le don de demoiselle Marie Symes, sa mère, et de celui de feu messire Louis Regnon, prêtre, son oncle, substitution faite en cas de mort de Jean Regnon le jeune, à Louis Regnon, leur second fils, et subsécutivement à François, leur troisième fils, à la charge de faire prier Dieu pour Pierre Regnon, écuyer, seigneur de la Gautronnière et Marie Symes, sa veuve, père et mère dudit Jean. Cet acte, reçu à la Gautronnière, par Tranchaud et Crolanayne, notaires, est du 1er de mai 1522. (Inventaire, page 4, N° 3.)

N° 15.

Donation faite par Jean Regnon, écuyer, seigneur de la Gautronnière, à Jean Regnon, son fils, étudiant à l'Université de Poitiers, de 40 ₽ de rente, — reçue par les notaires Chabot et Gaultier, le 18 octobre 1525. (Inventaire, page 4, N° 4.)

N° 16.

Hommage rendu par Jean Regnon au seigneur de la Girardière, des domaines nobles de Louise du Chaillou, sa mère, 1523. (Inventaire, page 4, N° 5.)

N° 17.

Aveu rendu à la seigneurie de Bournezeau, par Louise du Chaillou, demoiselle, veuve de feu Jean Regnon, écuyer, seigneur de la Gautronnière, des seigneuries de Puimaufray et de la Maison-Neuve, par Louis Regnon, écuyer, son fils, sous la signature des notaires Jobellet et Girard, le 2 juin 1558. (Inventaire page, 4, N° 6.)

N° 18.

Échange entre R. P. en Dieu Mille Dilliers, évêque de Luçon, et Jean Regnon, écuyer, seigneur de la Gautronnière, reçu par Haizeneau et Jeudy, notaires, le 15 mai 1551. (Inventaire, page 5, N° 10.)

N° 19.

Contrat de mariage de Léon Belleau, écuyer, seigneur de la Béraudière, avec demoiselle Antoinette Regnon, fille de feu noble homme Jean Regnon, en son vivant, écuyer, seigneur de la Gautronnière, et de demoiselle Louise du Chaillou, passé par J. Auvenceau, et Pierre Ordrenneau, notaires, le 24 février 1543, et vidimé par N. Sebuzalin et Bodin. (Inventaire, page 5, N° 11.)

N° 20.

Contrat de mariage de Louis I Regnon, écuyer, seigneur de la Maison-Neuve, avec demoiselle Françoise de la Gruhe, dame de Chaligny ; il y est dit que ce *mariage se fait du consentement de Jehan II Regnon, écuyer, seigneur de la Gautronnière, son* FRÈRE AÎNÉ. Cet acte est passé au châtel noble de Chaligny, par Jehan Bouhyer, notaire, le 4 janvier 1571. (Inventaire, page 5, N° 1.)

N° 21.

Transaction sur procès entre Louis I Regnon, écuyer, demandeur ; Louise du Chaillou et Jean II Regnon, écuyer, seigneur de la Gautronnière, son fils, défendeurs, ses mère et frère ; y est dit, que Louis est fils de Jean I Regnon, écuyer, seigneur de la Gautronnière. Cet acte passé au bourg de Puymaufray, par Colas Jobelet et Guillaume Petiteau, est du 5 octobre 1546. (Inventaire, page 5, N° 2.)

N° 22.

Partages nobles entre François Regnon, écuyer, seigneur de la Gautronnière, Anne Regnon, demoiselle, sa sœur et autres enfants de feu Jean II Regnon, écuyer, seigneur de la Gautronnière, et Louis I Regnon, écuyer, seigneur de la Maison-Neuve, frère dudit Jean II et oncle des co-partageants des successions de feue Louise du Chaillou et de Jean I Regnon, écuyer, seigneur de la Gautronnière, père et mère de Jean II et Louis I, réservées jusqu'au décès de Louise du Chaillou. Cet acte soussigné des notaires Barbier et Guerry, est du 23 avril 1596. (Inventaire, page 5, N° 3.)

N° 23.

Testament de Geneviève Regnon, demoiselle, contenant donation au profit de demoiselle Louise du Chaillou, sa belle-sœur, et de Louis Regnon, écuyer, son fils, reçu par Nicolas Gaudin et Colas Jobelet, le 13 juin 1556. (Inventaire, page 6, N° 4.)

N° 24.

Hommage rendu par Louis I Regnon, écuyer, seigneur de la Maison-Neuve, pour demoiselle Louise du Chaillou, sa mère, de son hôtel et prévôté de Puimaufray, au seigneur du Landreau, Charles Rouault, le 10 juin 1567. (Inventaire, page 6, N° 5.)

4

N° 25.

Hommage fait par les mêmes, au même nom, du fief de Boissorin, en 1552. (Inventaire, page 6, N° 6).

Transaction entre les abbés et religieux de l'abbaye de Trizay et Louise du Chaillou, et Louis Regnon, son fils, écuyer, seigneur de la Maison-Neuve, assistés de Laudineau et Jobelet, notaires, et signée des parties du 5 septembre 1560. (Inventaire, page 6, N° 7.)

N° 26.

Sentence de la Sénéchaussée de Poitiers au profit de Louis I Regnon, écuyer, Françoise de la Gruhe, demoiselle, son épouse, et Louis II Regnon, écuyer, leur fils, du 8 juillet 1589. (Inventaire, page 6, N° 8.)

N° 27.

Deux ordonnances de M. de Talloue, commissaire du roi Henri III, en faveur de Jean II Regnon, écuyer, seigneur de la Gautronnière et Louis I Regnon, écuyer, seigneur de Chaligny, FRÈRES, du 13 mars et 7 juillet 1582, pour maintenue de noblesse. (Inventaire, page 6, N° 10.)

N° 28.

Sentence de renvoi de l'assignation donnée par le fait des tailles et de maintenue de noblesse, rendue en faveur de Alain Regnon, écuyer, seigneur de la Rataudière, tant pour lui que pour François Regnon, écuyer, seigneur de la Gautronnière, son frère aîné, Jean Regnon, écuyer, seigneur de Lambretière, aussi son frère, et Louis II Regnon, écuyer, seigneur de Chaligny (*son cousin germain*), par Philippe de Héré, commissaire du Roi Henri IV, le 20 avril 1599. (Inventaire, page 6, N° 9.)

N° 29.

Justification de la noblesse d'Alain Regnon, écuyer, seigneur de la Rataudière, par M. de la Parisière, où il rapelle les sentences ci-dessus rapportées, du 7 janvier 1605. (Inventaire, page 6, N° 11).

N° 30.

Certificat du curé et des habitants de la paroisse des Clouzeaux, assistés de notaires qui attestent que Jean Regnon de la Gautronnière est hors d'état d'assister au ban de 1557. (Inventaire, page 6, N° 12).

N° 31.

Contrat de mariage de Louis II Regnon, écuyer, fils de Louis I Regnon, écuyer, seigneur de la Maison-Neuve, Puymaufrais et Chaligny, avec demoiselle Marthe de Bessay, fille de noble et puissant Giron de Bessay, et de demoiselle Renée de Machecoul, passé sous le scel de la Châtellenie de Saint-Hilaire-le-Vouhis, par les notaires Barbier et Tressard, le 21 novembre 1595, et ratifié par les père et mère susdits, le 22 du même mois. (Inventaire, page 7, N° 1.)

N° 32.

Procuration de Louis II Regnon, écuyer, seigneur de la Maison-Neuve et de Chaligny, pour comparaître en la Sénéchaussée de Poitiers, à l'assignation donnée par Alain Regnon (*son cousin germain*), passée en l'étude de Deschamps, le 15 septembre 1596. (Inventaire, page 7, N° 4.)

N° 33.

Sentence rendue en la Sénéchaussée de Poitiers en faveur de Louis II Regnon, écuyer, seigneur de Chaligny, contre Alain Regnon, écuyer, du 2 mars 1597. (Inventaire, page 7, N° 5.)

N° 34.

Transaction sur procès entre Alain Regnon, écuyer, seigneur de la Rataudière, et Louis II Regnon, écuyer, seigneur de Chaligny, sur les contestations mues à cause des partages des successions communes entr'eux de demoiselle Marie Symes, BISAÏEULE des parties, et de celles de Jean I Regnon, écuyer, seigneur de la Gautronnière, et de demoiselle Louise du Chaillou, sieur et dame de la Gautronnière, AÏEUL ET AÏEULE desdites parties, passée sous le scel de la Sénéchaussée de Poitiers, par les notaires Potiers et Chauveau, en date du 5 août 1598. (Inventaire, page 7, N° 6.)

N° 35.

Transaction passée entre Louis II Regnon, écuyer, seigneur de Chaligny, et Jean Regnon, écuyer, seigneur de Lambretière (*son cousin germain*), sur procès mus touchant la succession de Jean I Regnon, écuyer, seigneur de la Gautronnière et Louise du Chaillou, demoiselle, sa femme, AÏEUL et AÏEULE des parties, par devant Gilard, notaire, du 11 mai 1605. (Inventaire, page 7, N° 7.)

N° 36.

Transaction passée entre Louis II Regnon, écuyer, seigneur de Chaligny, et François Regnon, écuyer, seigneur de la Gautronnière, sur procès mus touchant la succession de Jehan I Regnon et de Louise du Chaillou, dans laquelle est référée une transaction passée en l'année 1596, entre Louis I Regnon, écuyer, seigneur de la Maison-Neuve, père de Louis II Regnon, écuyer, seigneur de Chaligny, ONCLE dudit François. Cette transaction passée à l'hôtel noble de la Gautronnière, par devant les notaires Jacques Drouet et Jacques Girard, est du 5 octobre 1607. (Inventaire, page 7, N° 8.)

N° 37.

Arrêt du Parlement de Paris, qui ordonne qu'il sera fait des partages des successions susdites entre Louis I Regnon, écuyer, seigneur de Chaligny, et Jean Regnon, écuyer, seigneur de Lambretière. Cet arrêt est du 17 juillet 1604. (Inventaire, page 7, N° 9.)

N° 38.

Contrat de mariage de René Regnon, écuyer, seigneur de la Chevalerie, fils de haut et puissant Louis II Regnon, seigneur de Chaligny, avec demoiselle Renée de Jaudoin, passé par Normandin, le 9 juillet 1627. (Inventaire, page 8, N° 14.)

N° 39.

Contrat de mariage de Giron Regnon, écuyer, seigneur de la Ranconnière, fils de haut et puissant Louis II Regnon, seigneur de Chaligny, et de Marthe de Bessay, avec Ester Bereau, demoiselle, passé par les notaires P. de Lance et Buet, le 9 juillet 1624. (Inventaire, page 8, N° 13.)

N° 40.

Contrat de mariage de haut et puissant Hélie I Regnon, seigneur de Villeneuve, fils de haut et puissant Louis II Regnon, seigneur de Chaligny, et de défunte Marthe de Bessay, demoiselle, avec demoiselle Louise Durcot, dame du Temple, fille de haut et puissant messire Pierre Durcot, chevalier, gentilhomme ordinaire de la Chambre du Roi, passé par Grataud et Gautron, notaires, le 23 février 1631. (Inventaire, page 8, N° 1.)

N° 41.

Partages nobles des biens et successions de Louis II Regnon et de Marthe de Bessay entre Hélie I, Suzanne, Louise et Jonas Regnon, du 11 juillet 1643, reçus par les notaires Joubert et Guillaud. (Inventaire, page 8, N° 2.)

N° 42.

Accord fait entre haut et puissant Louis II Regnon, seigneur de Chaligny, et noble et puissant Hélie Regnon, seigneur de Villeneuve, par lequel Louis Regnon en retirant les domaines donnés par contrat de mariage à Hélie I son fils, lui cède la maison noble de Chaligny. Cet acte est signé du notaire Gaudineau, le 1er octobre 1637. (Inventaire, page 8, N° 3.)

N° 43.

Renonciation faite par Hélie I Regnon, chevalier, seigneur de Villeneuve, en présence de Louis II Regnon, seigneur de Chaligny, à la succession de haut et puissant Gabriel Durcot, seigneur de Saint-Aubin, reçue par les notaires Gaudineau et Villeneau, le 31 décembre 1631. (Inventaire, page 8, N° 4.)

N° 44.

Décharge de ban pour 1635, sur la requête présentée par Jean III Regnon, écuyer, seigneur de la Gautronnière, comme étant dans l'impossibilité de servir le roi, constatée par médecins et notaires. (L'original est en ma possession, mais il a été oublié dans l'inventaire.)

N° 45.

Transaction passée entre messire Hélie I Regnon, chevalier, seigneur de Villeneuve, fils aîné et principal héritier de feu messire Louis II Regnon, chevalier, seigneur de Chaligny et dame Renée de Jaudoin veuve de feu messire René Regnon, chevalier, seigneur de la Chevalerie, remariée à messire Hélie de Goulaine, par devant les notaires Baud et Draon, le 12 novembre 1643. (Inventaire, page 9, N° 9.)

N° 46.

Acte de service à l'arrière-ban donné à Hélie I Regnon de Villeneuve, pour Louis II, son père, par M. de Parabère, en 1635. (Inventaire, page 9, N° 10.)

N° 47.

Commission au sieur Alexandre de Bessay pour lever une compagnie de chevau-légers dans le régiment de Chaligny, par Henri de la Trémouille, du 20 mars 1649. (Inventaire, page 9, N° 11.)

N° 48.

Lettre de M. Destissac, qui félicite M. de Chaligny sur l'heureux succès de son combat et sur l'avantage qu'en a retiré le service du roi, et qui lui fait compliment sur ses blessures, du 7 novembre 1651. (Inventaire, page 9, N° 15.)

N° 49.

Lettre de M. de Luines, sur le même sujet, du 19 novembre 1651. (Inventaire, page 9, N° 13.)

N° 50.

Contrat de mariage de haut et puissant messire Henri Regnon, chevalier, seigneur de Chaligny, Ranconnière, Villeneuve, fils ainé et principal héritier de haut et puissant messire Hélie I Regnon et de haute et puissante dame Louise Durcot, avec demoiselle Renée de Saligné, fille de haut et puisssant messire Louis de Saligné et haute et puissante dame Claude le Maître, reçu par Bouéque et Danudet le 5 juin 1662. (Inventaire, page 9, N° 1.)

N° 51.

Partages nobles des biens des successions de Hélie I Regnon, chevalier, seigneur de Chaligny, et de dame Marie-Louise Durcot, entre messire Henri Regnon, chevalier, seigneur de Chaligny, messire Gabriel des Vilattes, chevalier, seigneur dudit lieu, époux de Louise Regnon, et messire Hélie II Regnon, chevalier, seigneur des Bigottières, Sylvie Regnon, Suzanne Regnon, demoiselles, les trois derniers mineurs, reçus par Robin et Chevallier, notaires, le 19 novembre 1664. (Inventaire, page 10, N° 3.)

N° 52.

Partages de marais et domaines provenant de la succession de messire Hélie I Regnon, chevalier, seigneur de Chaligny, et Louise Durcot, entre leurs enfants, en présence des notaires Robin et Fénier, du 11 février 1667. (Inventaire, page 10, N° 4.)

N° 53.

Partages provisionnels faits par messire Henri Regnon entre ses enfants Louis III Regnon, chevalier, seigneur de Chaligny, Suzanne Regnon, épouse de messire François Grelier, chevalier, seigneur des Aspoix, par laquelle il donne la principale portion de sa succession à Louis III, son fils ainé, en présence de Boutellier et Charrier, notaires, du 5 octobre 1703. (Inventaire, page 10, N° 5.)

N° 54.

Sentence de maintenue de noblesse rendue en faveur des enfants de dame Magdeleine Pinaud, veuve de feu messire Gaston Regnon, écuyer, seigneur de la Gautronnière, dans laquelle il est dit que Henri Regnon, écuyer, seigneur de Chaligny, est descendu d'un cadet des Regnon de la Gautronnière, et qu'il a produit des titres justificatifs de sa noblesse. Cette sentence rendue par M. Barantin est du 9 août 1667. (Inventaire, page 10, N° 6.)

N° 55.

Maintenue de noblesse en faveur de Henri Regnon, écuyer, seigneur de Chaligny, et Hélie II Regnon, écuyer, seigneur des Bigottières, FRÈRES, rendu par M. Marillac, le 14 août 1679. (Inventaire, page 10, N° 7.)

N° 56.

Sentence des commissaires généraux, députés par le roi pour le fait des tailles en faveur des susdits, signée Heleut, du 21 novembre 1693. (Inventaire, page 10, N° 8.)

N° 57.

Sentence de maintenue de noblesse en faveur de Henri de Regnon, rendue par M. de Maupeou, le 19 mars 1700. (Inventaire, page 10, N° 9.)

N° 58.

Quatorze pièces qui prouvent que Henri Regnon de Chaligny a servi avec distinction et commandé plusieurs fois des compagnies, les milices de Poitou et un escadron du ban de la noblesse de Poitou. (Inventaire, page 10, N° 10.)

N° 59.

Contrat de mariage de messire Louis III de Regnon, chevalier, seigneur de Chaligny, fils de messire Henri Regnon, chevalier, seigneur de Chaligny, et de dame Renée de Saligné, avec demoiselle Sara Sonnet d'Auzon, fille de messire Paul Sonnet d'Auzon, chevalier, seigneur de Boismaynard, la Boulaye, Puygreffier, et autres lieux, du 14 novembre 1703. (Inventaire, page 10, N° 1).

N° 60.

Sentence de maintenue de noblesse rendue en faveur de messire Louis III de Regnon, chevalier, seigneur de Chaligny, par M. de Richebourg, commissaire départi dans la province du Poitou, le 22 août 1715. (Inventaire, page 11, N° 7.)

N° 61.

Contrat de mariage de messire Henri-Paul de Regnon, chevalier, seigneur de Chaligny, avec Marie-Suzanne de Bernard, où il est dit qu'il est fils de défunt messire Louis de Regnon, chevalier, seigneur de Chaligny, et de dame Marie-Sara Sonnet d'Auzon. Ce contrat est passé sous le seing des notaires Girard et Pernet, le 14 juillet 1732. (Inventaire, page 11, N° 1.)

N° 62.

Partages nobles faits entre messire Paul-Henri de Regnon, chevalier, seigneur de Chaligny et de Villeneuve, et demoiselle Marie-Benigne de Regnon, enfants mineurs et héritiers de messire Louis III de Regnon, chevalier, seigneur de Chaligny, sous l'autorité de messire François de Grelier, chevalier, seigneur des Aspoix, leur curateur aux causes du 14 décembre 1722. (Inventaire, page 11, N° 2.)

Certifié le présent extrait de Titres primitifs et Originaux, comme conforme aux parchemins que je possède, et à l'inventaire qui en fut fait en 1789 par M. l'abbé Brumaud de Beauregard, alors grand-vicaire de Poitiers, décédé évêque d'Orléans.

Nantes, le 22 juin 1859.

COPIE d'un titre qui prouve les seize quartiers de noblesse des ... ... DE REGNON, ...

(Titre en parchemin, daté de 1727, de 80 centimètres de haut sur 58 centimètres de large, conservé dans la famille).

Bessay.	Durcot.	Chataigner.	Robert.	Grelier.	Easme.	François.	Kerveno.	Vassan.	Aubert.	Jaudouin.	Brion.	Le Geay.	Tubin.	Richande.

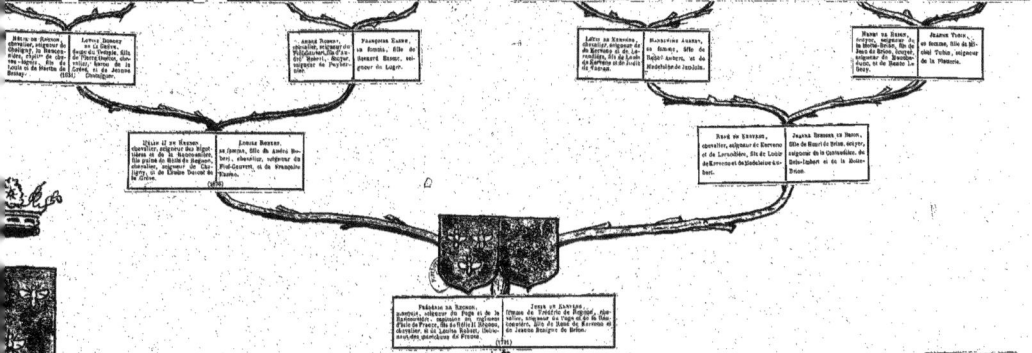

JEAN-FRANÇOIS-HIPPOLYTE DE REGNON et PIERRE-URBIN DE REGNON,
fils de
FRÉDÉRIC DE REGNON, Marquis, seigneur du Puys et de la Rancconnière, et de
Junie de Kerveno,
créés chevaliers de l'ordre de Saint-Jean, de Jérusalem en 1727.

ACTES D'ÉTAT-CIVIL

ET AUTRES DOCUMENTS HISTORIQUES

Qui établissent et constatent la possession du titre de MARQUIS *depuis plus de cent cinquante ans dans la branche des Regnon de la Ranconnière, pour suppléer à la perte des titres de famille brûlés en* 1793 *dans la guerre de la Vendée, au château de la Ranconnière, qui fut alors incendié.*

Acte de mariage en date du 29 mai 1752 de haut et puissant messire Louis-Richard, MARQUIS de Regnon, *fils aîné* de très-noble et puissant messire Frédéric, MARQUIS de Regnon, etc., etc. (Voir ci-après, page 34.)

Acte de naissance en date du 17 juin 1755 de Louis-Benigne-Jean de Regnon, fils de haut et puissant Louis-Richard, MARQUIS de Regnon. (Voir ci-après, page 35.)

Contrat de mariage en date du 8 juillet 1783, par devant Mᵉ Delavergne, notaire à La Rochelle, de haut et puissant seigneur messire Louis-Benigne-Jean, MARQUIS de Regnon, seigneur de la Ranconnière, du Simon, de la Louherie, de la Paclais, avec demoiselle Rosalie-Marie Carré de Sainte Gemme.

Acte de naissance en date du 1ᵉʳ mars 1785 de Hippolyte-Marie-Valéry, fils de haut et puissant seigneur Louis-Benigne-Jean de Regnon, chevalier, MARQUIS de Regnon, etc., etc. (Voir ci-après, page 36.)

Contrat de mariage en date du 15 janvier 1823, par devant Mᵉ Chambette, à Paris, de M. Hippolyte-Marie-Valéry, MARQUIS de Regnon, fils de M. Louis-Benigne-Jean, MARQUIS de Regnon, avec demoiselle Marie-Louise-Anne-Hélène de la Porte-Lalanne.

Sur ce contrat de mariage de 1823, ont signé :

1° SA MAJESTÉ LOUIS XVIII ;
2° SON ALTESSE ROYALE MONSIEUR ;
3° SON ALTESSE ROYALE MADAME, DUCHESSE D'ANGOULÊME ;
4° SON ALTESSE ROYALE MONSEIGNEUR LE DUC D'ANGOULÊME ;
5° SON ALTESSE ROYALE MADAME LA DUCHESSE DE BERRY.

5

Extrait du registre des actes de baptêmes, mariages et sépultures de la ville de Nantes, paroisse Saint-Laurent, pour l'année 1752.

Le vingt-neuvième mai mil sept cent cinquante-deux, après la publication d'un ban sans opposition, soit dans cette paroisse, soit dans celles de Saint-Herblain et du Simon, diocèse de Luçon, ainsi qu'il paraît par les certificats de M. Passimard, vicaire de Saint-Herblain, du vingt-huit, et de M. le curé du Simon, en date du vingt-deux, présent mois, signé Leserre, dispense des deux autres accordées par Monseigneur l'évêque de Nantes, le vingt-sept, et par M. le maire-général de Luçon, le vingt, dûment insinuée et contrôlée à Luçon, ledit jour, et à Nantes, le vingt-sept, les fiançailles préalablement faites suivant les dispenses ;

Ont été reçus à la bénédiction nuptiale, dans l'Église paroissiale de Saint-Laurent de Nantes, par nous soussigné Benigne de Regnon, abbé de Saint-Maurice de Carnouët, archidiacre de Lamée, vicaire-général du diocèse de Nantes, noble et puissant messire Louis-Richard, MARQUIS de Regnon, chevalier, seigneur de la Ranconnière, de Boisimbert, la Lourie et autres lieux, capitaine au régiment de Grammont cavalerie, chevalier de l'ordre royal et militaire de Saint-Louis, lieutenant de nos seigneurs les maréchaux de France au Bas-Poitou, fils majeur de feu très-noble et puissant messire Frédéric, MARQUIS de Regnon, en son vivant, lieutenant de nos seigneurs les maréchaux de France, et de défunte très-noble et puissante dame Junie de Kerveno, ses père et mère, de la paroisse du Simon, diocèse de Luçon, d'une part ; et très-noble demoiselle Jeanne Ursule de Goulaine, fille mineure de feu très-noble messire Louis de Goulaine, chevalier, seigneur de la Paclais, et de feu très-noble dame Jeanne Derieux, ses père et mère, domiciliée sur cette paroisse, décrétée de justice par mariage, par sentence rendue dans la juridiction de la Bernardière, le vingt-sept, le mariage célébré le soit par dispense.

En présence de Monseigneur l'illustrissime et révérendissime Pierre Mauclerc de la Muzanchère, évêque de Nantes, parent du trois au trois de l'époux et du quatre au cinq de l'épouse, de messire Louis Sévère de Vay, chevalier, seigneur de la Fleuriais, parent de l'épouse au quatrième degré, d'écuyer Augustin Denyn, sieur du Plessis-Bouchet, son beau-père, de noble maître Paul Bouhier de la Brejolière, avocat en Parlement, son parent du deux au trois, en l'estoc paternel de Marie Gédéon, Samuel-Louis-Pierre-Henri de Vay, chevalier, seigneur de la Noë, parent du quatre au cinq, et autres qui ont signé.

(*Cette pièce existe actuellement au greffe du Palais de Justice, à Nantes*).

Délivré conforme au registre déposé au greffe du tribunal civil de Nantes, le 11 juin 1829.

Le greffier dudit tribunal,

Signé : BRETONNIÈRE.

Vu par nous, président du tribunal civil de Nantes, chevalier de la Légion-d'Honneur, pour légalisation de la signature de M. J. Bretonnière.

Nantes, le 12 Juin 1829.   *Pour le président, empêché,*

Signé : H. LEFEUVRE, juge.

Extrait des registres de la paroisse de Sainte-Radegonde, ville et diocèse de Nantes, province de Bretagne.

Ce dix-septième jour de juin mil sept cent cinquante-cinq, a été baptisé avec la permission de M. le recteur, par nous Charles Boussineau Demaure, prêtre-chanoine, de l'Église de Nantes, Louis-Bénigne-Jean, né du jour d'hier, fils de haut et puissant Louis-Richard, marquis de Regnon, seigneur de la Ranconnière, de la Lourie, du Boisimbert et autres lieux, capitaine de cavalerie au régiment de Grammont, chevalier de l'ordre royal et militaire de Saint-Louis et lieutenant de nos seigneurs les maréchaux de France dans la province de Poitou, et de haute et puissante dame Jeanne-Ursule de Goulaine, son épouse ; a été parrain messire Isaac-Benigne de Regnon, prêtre, abbé commandataire de l'abbaye royale de Saint-Maurice de Carnoët, archidiacre et vicaire-général de Nantes, oncle paternel de l'enfant, et marraine dame Ursule de Goulaine, épouse de messire N. de Tinguy, chevalier, seigneur de la Nolière, grande tante de l'enfant, représentée par demoiselle Marie-Anne Boussineau, qui a tenu l'enfant en son nom, soussignés avec nous, le père absent, étant à son régiment, Marie-Anne Boussineau Demaure, Isaac-Benigne de Regnon, Anne Derieux, veuve Demaure ; Boussineau de la Joliverie, de Léproniêre, prêtre ; Prudence Guy de Mariel, J.-B. Fleuriau, prêtre, vicaire ; Demaure, chanoine.

Nous, recteur soussigné, certifions le présent extrait conforme à la minute.

A Nantes, le 5 juillet 1783.

J. LE SOURD DE L'ISLE, recteur de Sainte-Radegonde.

(L'original de cette pièce est actuellement au greffe du Palais de Justice, à Nantes.)

Nous, messire Anne-Jacques-Amable Bellabre, conseiller du Roi, son sénéchal au siége présidial de Nantes, et juge conservateur des priviléges de l'Université de Nantes, certifions que le sieur Le Sourd de l'Isle, qui a délivré le présent extrait, est recteur de Sainte-Radegonde de cette ville, et que foi doit être ajoutée à sa signature qui est véritable.

Fait en notre hôtel, à Nantes, ce cinq juillet mil sept cent quatre-vingt-trois.

Signé : BELLABRE.

Nous, vicaire-général de monseigneur Jean de Frétat de Sarra, évêque de Nantes, certifions et attestons à tous ceux à qui il appartiendra que le sieur Le Sourd de l'Isle, recteur de Sainte-Radegonde, qui a délivré l'extrait ci-joint, est tel qu'il se qualifie et que foi doit être ajoutée à son seing, tant en jugement que hors de jugement.

Donné à Nantes, au palais épiscopal, sous notre seing, le sceau des armes de mondit seigneur évêque, et le contre-seing de son secrétaire, le cinquième jour du mois de juillet de l'année mil sept cent quatre-vingt-trois.

DE CHAPTEUIL, vicaire-général.

Par M. le vicaire-général.

Signé : GASTIN, secrétaire.

Extrait du registre des actes de l'état-civil de la commune de Luçon, pour l'année 1785.

L'an mil sept cent quatre-vingt-cinq, le premier jour de mars, a été baptisé par nous, soussigné, Hippolyte-Marie-Valéry, né hier au soir en cette ville, du légitime mariage de haut et puissant seigneur messire Louis-Benigne-Jean de Regnon, chevalier, MARQUIS de Regnon, seigneur du Simon, la Ranconnière, la Lourie et autres lieux, officier au régiment du Roi, et de haute et puissante dame Marie-Rosalie Carré, son épouse. Le parrain a été messire Jean-Antoine Carré, écuyer, seigneur de Sainte-Gemme, grand-père maternel de l'enfant, et la marraine, dame Jeanne-Ursule de Goulaine, veuve de haut et puissant seigneur M. Louis-Richard de Regnon, chevalier, MARQUIS de Regnon, seigneur du Simon, la Ranconnière, la Lourie, capitaine au régiment de cavalerie de Grammont, chevalier de l'ordre royal et militaire de Saint-Louis, lieutenant des maréchaux de France, en Poitou, qui ont signé avec nous et plusieurs autres.

Pour extrait conforme :

Délivré à la mairie de Luçon, le 23 juin 1822.   *Le Maire*, A. DE SURINEAU.

Nous, Paul Vinet aîné, juge, faisant pour M. le Président du Tribunal de 1re instance, séant à Fontenay (département de la Vendée), malade, certifions sincère et véritable la signature de M. de Surineau, maire de Luçon, apposée de l'autre part.

En notre hôtel, à Fontenay-le-Comte, le 24 juin 1822.   Signé : VINET AÎNÉ.

Documents existants à la Bibliothèque Impériale à Paris, tirés de la collection des états militaires de la France.

Avant 1758, les états militaires de France n'étaient pas publiés; ils ne le furent qu'à cette époque. Or, on trouve comme lieutenants des maréchaux de France, en Poitou, à Fontenay-le-Comte :

En 1759, M. de Regnon, Marquis du Page.
En 1760,   *id.*   *id.*
En 1761, M. le Marquis du Page.
En 1762,   *id.*   *id.* (1)
En 1763, M. le Marquis de Regnon.
En 1764
et années suivantes
jusqu'en 1771,   } M. le Marquis de Regnon.
époque de sa mort.

(1) La terre du *Page* fut vendue à cette époque pour des causes particulières.

EXTRAIT DES MINUTES DE L'ANCIEN PARLEMENT DE BRETAGNE,

DÉPOSÉES AU GREFFE DE LA COUR IMPÉRIALE DE RENNES.

ARRÊT DU 14 AOUT 1764.

Vu par la cour la requête de messire (Louis-Richard) de Regnon, marquis, seigneur de la Ranconnière et autres lieux, chevalier de l'ordre royal et militaire de Saint-Louis, ancien capitaine de cavalerie et lieutenant de Messieurs les maréchaux de France, en Poitou, demandeur, tendante, pour les causes y contenues, à ce qu'il plût à la Cour voir à ladite requête attaché le nombre de *cinquante-neuf pièces*, y ayant égard et à l'exposé, ordonner que le suppliant jouirait dans la province de Bretagne, en qualité de *noble d'ancienne extraction*, de tous les priviléges, honneurs, prérogatives et exemptions, attribués et accordés aux nobles et gentilshommes de la province, et qu'il aurait *entrée, séance et voix délibérative* aux États d'icelle, et qu'il serait INSCRIT SUR LE CATALOGUE des gentilshommes bretons, suivant l'usage qui se pratique, ladite requête signée FRANCHETEAU, procureur, et répondue d'*un soit montrée au procureur général du Roi*, par ordonnance de la Cour, du treize août dix-sept cent soixante-quatre : conclusions dudit procureur général du Roi, au bas de ladite requête, dudit jour et an, *sur ce :* ouï le rapport de Messieurs de Marnière, et de Guer, conseiller doyen de la COUR, et TOUT CONSIDÉRÉ :

Il sera dit que la COUR ORDONNE que le suppliant mettra ses actes, titres et pièces par devers ladite Cour, pour, sur les conclusions du procureur général du Roi, lui être au Conseil FAIT DROIT, ainsi qu'il sera vu appartenir.

Fait en Parlement, à Rennes, le quatorze août dix-sept cent soixante-quatre.

Signé à la minute : DE LA BRIFFE et DE MARNIÈRE.

Reçu trois sols pour le solde, ce quatorze août dix-sept cent soixante-quatre.

Signé : CHESNEFRONT.

Pour expédition conforme, le 15 janvier 1855.

Le greffier en chef de la Cour Impériale de Rennes,

Signé : A. BOUETEL.

Enregistré à Rennes, le 16 janvier 1855, reçu 3 fr. 80.   Signé : PECAUD.

———————

L'arrêt confirmatif est du 20 août 1764 et le nom de Regnon se trouve porté, en 1764, sur le catalogue des gentilshommes, qui, *comme nobles d'ancienne extraction et alliés à des familles nobles de Bretagne, jouissent du privilége d'assister aux États de Bretagne, avec voix délibérative, etc., etc.*

NOTA.

C'est à Hélie I, seigneur de Chaligny et de la Ranconnière, que se rapporte le fait historique suivant, cité dans les Mémoires de Chatelier-Barlot, raconté avec quelques variantes par le Père Arcère, historien de La Rochelle, qui cite à l'appui le *Mercure Français,* tome II, page 886, Bernard et les manuscrits de Corin.

Ces divers historiens rapportent qu'en l'année 1625, pendant que l'armée du Roi Louis XIII attaquait Soubise, qui commandait les protestants et qui s'était fortifié en l'Ile-de-Rhé, M. de Montmorency força au combat l'armée navale des Rochelais qui fut définitivement battue. Le navire *la Vierge,* que Soubise avait enlevé naguère aux Royalistes, était alors placé sous le commandement de Regnon de Chaligny, gentilhomme du Poitou, et il se trouva engagé au milieu de quatre vaisseaux du Roi, *le Harlem,* commandé par le chevalier de Villeneuve; le *Saint-Louis,* commandé par le chevalier de Rasilly; *l'Olonnois,* commandé par le capitaine Veillon, des Sables; et le *Saint-François,* commandé par Kerqueler, baron de Jussé.

Le Harlem et *l'Olonnois* ayant accroché *la Vierge,* et leurs capitaines étant montés sur le tillac, suivis de quelques matelots, ils furent tous brûlés par le feu de la poudre que les rebelles y avaient répandue en grande quantité.

Rasilly, avec les siens, va ensuite à l'abordage et gagne le pont. Les protestants qui s'y étaient retranchés avaient eu recours à la même manœuvre, et firent périr ainsi un grand nombre des assaillants.

Le capitaine du *Saint-François,* s'étant alors jeté avec cinquante hommes dans le navire des rebelles, tomba sur ceux qui s'y défendaient et qui étaient en trop petit nombre pour pouvoir résister longtemps à des forces supérieures. Quelques-uns, avec leur capitaine, s'étaient cantonnés dans le magasin des poudres, et ils crièrent: « *Donnez la vie ou vous ne tenez rien.* » On répondit: « *Point de quartier.* » Alors ces braves mirent le feu aux poudres, et le navire *la Vierge* s'envola par éclats, après avoir embrasé les quatre vaisseaux assaillants. La plus grande partie des équipages périt. Kerqueler, capitaine du *Saint-François,* et Regnon de Chaligny, furent jetés au loin dans la mer. Le premier gagna une chaloupe à la mer; le second, qui avait eu le pied fracassé, fut tiré de l'eau par des rameurs d'un canot, conduit devant M. de Montmorency, qui lui accorda la vie et le sauva. (Voir les Mémoires de Chatelier-Barlot, déjà cité, page 41.) Chaligny vécut longtemps encore : il ne mourut qu'en 1664.

M. de la Fontenelle de Vaudoré, qui a recueilli des documents historiques sur la *Fronde en Poitou,* parle d'un Regnon de Chaligny, gentilhomme du Poitou, qui, à la tête d'un certain nombre de gentilshommes de ses parents et de ses amis, se jeta à cette époque dans Luçon, et résista vigoureusement aux forces supérieures que commandait le parti royal et catholique. Il le représente comme un des hommes les plus actifs et les plus décidés du parti protestant. C'était encore ce même Hélie I qui eut mieux fait d'employer ses grands talents et son courage à défendre une meilleure cause. Son fils Henri persista dans la même erreur. Lors de la révocation de l'Édit de Nantes, il émigra en Angleterre. La famille a conservé toute sa correspondance; mais comme elle était haineuse au catholicisme, c'est moi qui l'ai brûlée en 1856.

LE Mⁱˢ Hᵗᵉ DE REGNON.

GÉNÉALOGIE
DE LA
MAISON DE REGNON

AVEC LE DÉTAIL DES PIÈCES QUI ONT SERVI A L'ÉTABLIR.

(Voyez page 91 ci-dessous).

POITOU ET BRETAGNE.

REGNON DE LA GAUTRONNIÈRE, *tige éteinte.*
REGNON DE CHALIGNY, 1ʳᵉ branche *éteinte.*
REGNON DE LA RANCONNIÈRE, Marquis, 2ᵉ branche, *seule existante.*

GAUTRONNIÈRE.

Jacques Regnon, écuyer, seigneur de la maison noble de la Gautronnière, marié à demoiselle Marie Foucher, fille de M. Foucher, écuyer, seigneur du Gué Saint-Flaive. 1500.

Julien Regnon, frère de Jacques II, abbé commendataire de l'abbaye royale des Fontenelles, près Luçon, 68ᵉ abbé, de 1479 à 1500. (Voir *Gallia christiana*, tome II, édition de 1790, page 456).

Jacques II Regnon, écuyer, fils de Jacques et de Marie Foucher, seigneur de la Gautronnière, marié à demoiselle Mathurine Symon, fille de Symon, écuyer. 1520.

Nicolas Regnon, fils de Jacques II et de Mathurine Symon, écuyer, seigneur de la Gautronnière, marié à demoiselle Antoine Tempierin, fille de M. Tempierin, écuyer. 1463.

Pierre Regnon, fils de Nicolas et de Mathurine Regnon, écuyer, seigneur de la Gautronnière, marié à demoiselle Marie Symon, fille de Pierre Symon, écuyer. 1466.

Jean Regnon, fils du précédent, écuyer, seigneur de la Gautronnière, marié à Louise du Chalîgon, dame du Boismorin. 1505.

CHALIGNY.

Louis Regnon, fils cadet de Jean Regnon et de dame Louise du Chalîgon, écuyer, seigneur de la Maison-Neuve, marié à dame Françoise de la Graine, dame de Chaligny. Il est chef de la branche de Chaligny. 1509.

Jean II Regnon, fils aîné du précédent, écuyer, seigneur de la Gautronnière, marié à Catherine Juilland, fille de Juilland, écuyer. 1540.

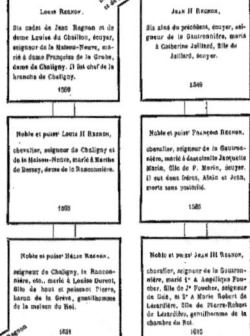

Noble et puissant Louis II Regnon, chevalier, seigneur de Chaligny et de la Maison-Neuve, marié à Marthe du Bouray, dame de la Ranconnière. 1602.

Noble et puissant François Regnon, chevalier, seigneur de la Gautronnière, marié à demoiselle Jacquette Morin, fille de P. Morin, écuyer. Il eut deux frères, Alexis et Jean, morts sans postérité. 1585.

Noble et puissant Hélie Regnon, seigneur de Chaligny, la Ranconnière, etc., marié à Louise Durent, fille de haut et puissant Pierre, baron de la Grève, gentilhomme de la maison du Roi. 1651.

Noble et puissant Jean III Regnon, chevalier, seigneur de la Gautronnière, marié 1° à Angélique Foucher, fille de Jᵗ Foucher, seigneur du Gué, 2° à Marie Robert de Lezardière, fille de Pierre-Robert de Lezardière, gentilhomme de la chambre du Roi. 1615.

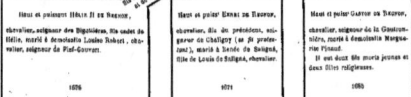

RANCONNIÈRE.

Haut et puissant Hélie II et Regnon, chevalier, seigneur des Digotières, fils cadet de Hélie, marié à demoiselle Louise Robert, chevalier, seigneur du Fief-Gaurai. 1676.

Haut et puissant Ernst de Regnon, chevalier, fils du précédent, seigneur de Chaligny (se fit protestant), marié à Isande du Saignea, fille de Louis du Saignea, chevalier. 1671.

Haut et puissant Gaston de Regnon, chevalier, seigneur de la Gautronnière, marié à demoiselle Marguerite Pinaud. Il eut aussi fils morts jeunes et deux filles religieuses. 1680.

Ici finit la tige directe de la Gautronnière, qui a duré plus de 300 ans.

Hélie de Regnon, chevalier, marié à demoiselle Perrine du Voy de la Meerlais (sans postérité).

Haut et puissant Frédéric de Regnon, capitaine au régiment de l'Isle de France, seigneur du Puys et de la Ranconnière, nommé par Louis XIV, Marquis et lieutenant des mestres de France en Poitou, marié à Jeanne de Kervena, fille de Baas de Kervena, seigneur de Kervena. 1711.

Haut et puissant Louis III de Regnon, chevalier, seigneur de Chaligny, etc. (protestant), marié à demoiselle Suzent d'Auzon, dame de la Boutaye, émigré en Angleterre en 1685. 1705.

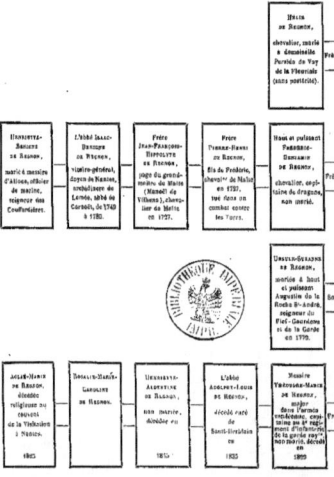

Henriette-Adélaïde de Regnon, mariée à messire d'Aleon, officier de marine, seigneur des Coufinvilliers.

L'abbé Isaac-Benoni de Regnon, vicaire-général, doyen de Nantes, archiprêtre de Luçon, abbé de Corbeil, de 1745 à 1780.

Frère Jean-François-Hippolyte de Regnon, juge du grand-mestre de Malte (Manuel de Villiers), chevalier de Malte en 1757.

Frère Pierre-Henri de Regnon, fils de Frédéric, chevalier de Malte en 1737, tué dans un combat contre les Turcs.

Haut et puissant Ferdinand-Damascène de Regnon, chevalier, capitaine de dragons, non marié.

Haut et puissant Louis-Richard de Regnon, Marquis, chevalier de Saint-Louis, capitaine de cavalerie de Grammont, lieutenant des marechaux de France, de 1761 à 1771, en Poitou, seigneur de la Ranconnière, du Séjour, etc., marié à Ursule de Goulaine, dame de la Garde, des Mesliers et de la Pochie. 1756.

Mᵉ et pᵗ Henri-Paul de Regnon, chevalier, seigneur de Chaligny, etc., rentré en France, abjura le protestantisme, mourut en 1720 à Saumon du Bernard de Marigny, mourut à Luçon en 1745. 1745.

Haut et puissant Louis-Bernard-Jean de Regnon, Marquis, seigneur de la Ranconnière, etc., ancien page du roi, de 1770 à 1774, officier au régiment du Roi, marié à demoiselle Carré de Sainte-Gemme. 1785.

Mᵉ et pᵗ Henri-Gaspard de Regnon, seigneur de Chaligny, lieutenant de vaisseau de la marine royale, chevalier de Saint-Louis, lieutenant des marechaux de France en 1787, marié à Elizabeth du Fouriez, en 1756, mourut en 1806. 1806.

Adèle-Marie de Regnon, décédée religieuse au couvent de la Visitation à Nantes. 1805.

Rosalie-Marie-Caroline de Regnon.

Henriette-Augustine de Regnon, non mariée, décédée en.

L'abbé Adolphe-Louis de Regnon, major dans l'armée vendéenne, décédé curé de Saint-Sévrin en 1835.

Messire Théodore-Marie de Regnon, major dans l'armée vendéenne, combattit de 1793, pour les cinq cings de l'armée d'Espagne, membre de l'Académie Pontificale de la Religion Catholique, à Rome, marié en 1813, à demoiselle Hélène de la Porte-Lalanne, fille d'un conseiller d'État du Roi Louis XVIII, nièce de M. de la Porte, évêque de Carcassonne, père de cinq enfants, dont quatre fils.

Messire Hippolyte-Marie-Valéry de Regnon, Marquis, chevalier de la Légion-d'Honneur et de l'ordre d'Espagne de Charles III, ancien commissaire général des pompes militaires, en 1853, pour les cinq cings de l'armée d'Espagne, membre de l'Académie Pontificale de la Religion Catholique, à Rome. 1844.

Haut et puissant François-Joseph-Henri de Regnon, chevalier, servit dans l'armée de Condé, marié en 1820 à demoiselle Langlois de la Ranonière, chevalier de Saint-Louis et de la Légion-d'Honneur, mourut sans postérité en 1844.

Ici finit la branche de Chaligny, qui a duré près de 300 ans.

Continuation.

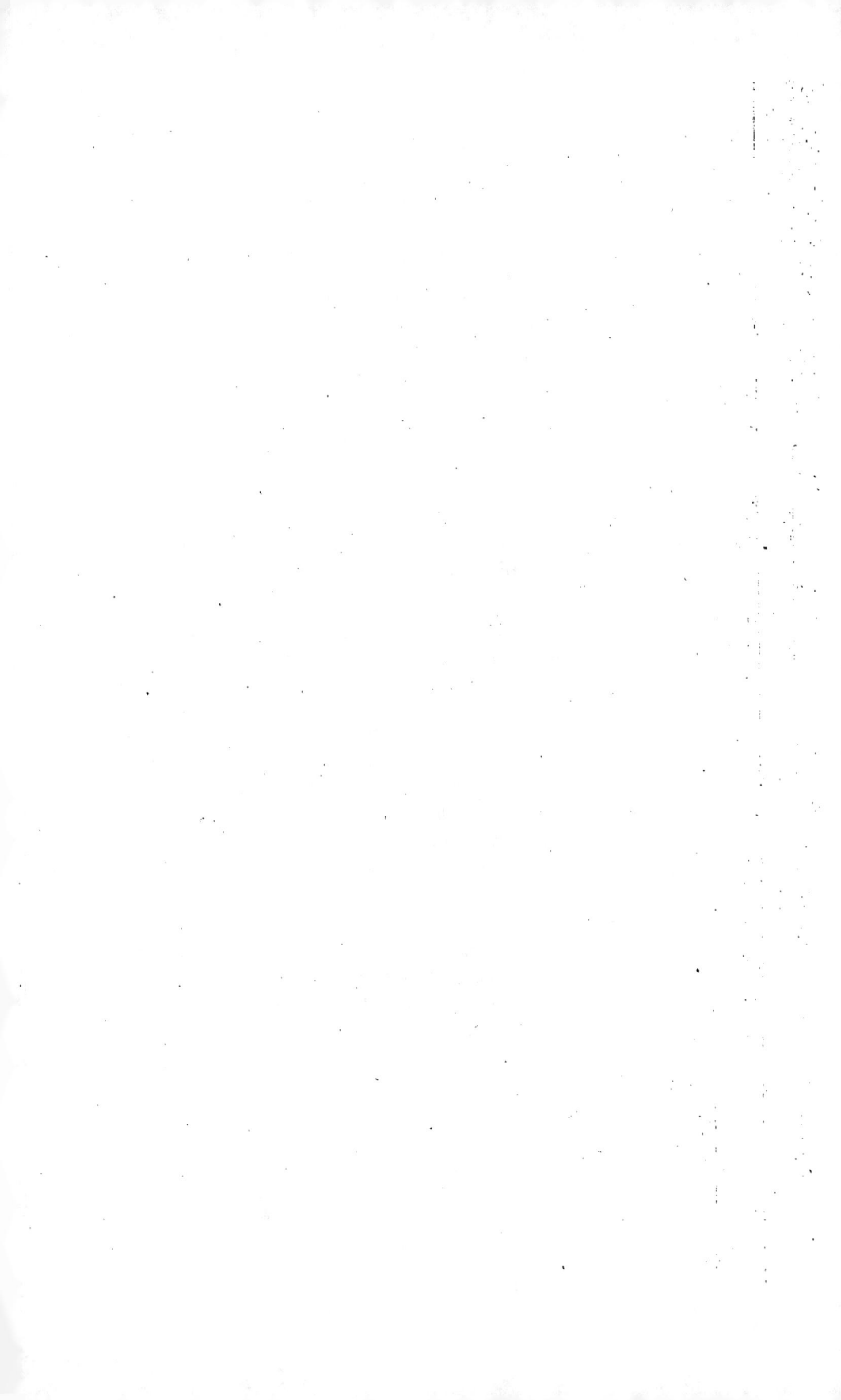

PAPIERS CONCERNANT M. DE REGNON,

Qui sont dans la possession de M. Pontois, principal du Collége, à Thouars, ou de ses héritiers, tels que celui-ci les lui a indiqués, le 24 janvier 1822.

Ils consistent :

1° Dans une *lettre originale* du grand maître de l'ordre de Malte, Dⁿ Antonio Manoël de Villhena (1), en date du 28 octobre 1726, adressée à M. le Vᵇˡᵉ grand prieur d'Aquitaine, ou à son lieutenant, pour lui annoncer qu'il a nommé au nombre de ses pages *noble Jean-François-Hippolyte de Regnon,* fils de noble messire Frédéric dudit nom, et de dame Junie de Kerveno, ce qui nous oblige (est-il dit) à vous avertir de ne faire aucune difficulté de tenir *assemblée extraordinaire, en quelque temps que ce soit,* tant pour lui donner des commissaires que pour revoir les preuves de sa légitimation et noblesse, et, sur ce, nous prions, etc.

Signé : MANOEL.

2° A l'appui de cette lettre, *une minute* en bonne forme *revêtue des signatures* de MM. les commandeurs, du chancelier, du grand prieur d'Aquitaine, et scellée du sceau à l'aigle en cire verte, datée du 11 mars 1727, *de la délibération d'une assemblée extraordinaire* tenue à la réquisition dudit noble Jean-François-Hippolyte de Regnon, à l'hôtel de Saint-Georges, à Poitiers, présidée par M. le chevalier frère Joseph de Lesmeric Deschoisy, et y assistaient MM. de la Grou, Dallogny, De Chesnay, de Montenay, Chanalier, et qui tous ont signé ladite délibération dans laquelle il a été donné lecture de la lettre ci-dessus de son Excellence le grand maître Manoël, et ont, en conséquence, nommé des commissaires pour procéder aux procès-verbaux des preuves de noblesse dudit Hippolyte de Regnon.

M. Pontois (est-il dit dans la note qui paraît écrite de sa propre main) possède également des preuves de noblesse en bonne forme de M. *Anne-Gaspard-Bonaventure de Bejarry,* dont la mère était Marie-Paule de Regnon, qui portait pour armes, d'azur à trois abeilles d'or, deux en chef et une en pointe.

Certifié conforme par nous soussigné :

LE Mⁱˢ DE REGNON (HIPPOLYTE.)

(1) Dⁿ Antonio Manoël de Villhená, 65ᵉ grand maître de l'ordre, fut élu en 1722. Il était Portugais.

6

A MES FILS ET PETITS-FILS,

DANS L'ORDRE DES TEMPS A VENIR.

Avant de mourir, j'ai cru faire une chose utile pour vous, en vous faisant connaître l'ancienneté de votre noble race et la filiation de vos aïeux, d'après les documents les plus authentiques.

Pour cela, il m'a suffi de classer, par ordre chronologique, tous les papiers accumulés dans la famille depuis cinq cents ans, et conservés avec le plus grand soin et dans leur parfaite intégrité, par tous ceux qui nous ont précédés. La branche des Regnon de Chaligny a pu garder tous ses papiers dont je me trouve aujourd'hui avoir hérité. Celle de notre branche en a perdu d'importants, mais de plus modernes, dans l'incendie du château de la Ranconnière pendant la guerre de la Vendée en 1793.

Ces papiers conservés ont servi déjà à dresser les plus anciennes généalogies de la famille, et notamment celle qui fut présentée en 1727 avec la preuve des seize quartiers de noblesse, pour la nomination de mes deux grands oncles de Regnon (frères de mon aïeul), admis dans l'ordre des chevaliers de Malte (militants).

D'ailleurs, l'inventaire de ces papiers de famille a été fait, pièce par pièce, en 1789, par un homme très-véridique, le vénérable abbé Brumaud de Beauregard, alors grand-vicaire de Poitiers et décédé évêque d'Orléans. Il lut à cette époque tous ces papiers, les classa, les annota lui-même, les numérota et les inventoria, dans une notice, restée manuscrite, de quatorze pages in-folio, que je possède et que j'engage mes descendants à conserver avec soin. J'en ai donné ci-dessus, page 21, de nombreux extraits.

Cette notice importante est comme une table de matières raisonnée, qui, par le numérotage, facilite la recherche des parchemins qui sont classés par siècle, en liasses; et elle servirait de preuves légales de l'existence et de la nature des pièces que le temps parviendrait à altérer, à raison du *vidimus,* digne de foi, de feu Monseigneur l'évêque d'Orléans.

Cette généalogie des trois branches de la famille noble de Regnon, repose donc sur les documents les plus AUTHENTIQUES que nul ne peut ébranler; car elle ressort naturellement des pièces elles-mêmes, revêtues des signatures de deux cents notaires royaux, intendants, commissaires du Roi et autres autorités qui les ont délivrées, dans la suite des temps, aux parties intéressées. Je les possède à peu près dans leur totalité; elles sont confirmées par le témoignage de ceux qui les ont vues et inventoriées; elles peuvent l'être par ceux qui voudront eux-mêmes vérifier ces pièces primitives et légales. C'est bien là la plus grande preuve D'AUTHENTICITÉ.

Ce n'est pas par un sentiment de vanité personnelle, que je me suis occupé de ce travail pour mes enfants. Loin de là; mais qui ne comprend les droits et la dignité des familles, qui ne veulent pas laisser tomber dans l'oubli les titres honorables de ceux qui les ont précédées, pour pouvoir justifier par elles-mêmes la continuation des mêmes principes d'honneur dans leur propre descendance. La noblesse des familles consiste dans la pratique des vertus, et dans l'honneur que toute famille quelconque peut acquérir elle-même, dans tous les ordres, pour en faire une richesse morale dont elle a droit de se glorifier, mais modestement.

44GÉNÉALOGIE DE LA MAISON DE REGNON.

Cet honneur, le véritable honneur, n'est pas ce què le monde d'aujourd'hui entend par ce mot ; car ce n'est ni l'orgueil, ni l'égoïsme, ni le luxe, ni l'éclat des richesses, ni la satiété des convoitises de toutes sortes, ni l'amour effréné du gain, ni la soif des vengeances particulières, qui peuvent constituer la vraie noblesse de sentiments. Non, mais l'honneur, le véritable honneur, réside dans l'accomplissement des devoirs que la Religion prescrit. C'est le dévouement le plus entier de l'homme qui se complait, par des motifs surnaturels, dans un sacrifice continuel à Dieu, à sa propre famille, à ses semblables et à son pays, dans l'ordre de la vérité et de la justice. Voilà la plus haute et la seule véritable noblesse devant Dieu et devant les hommes; car tout ce qui ne saurait être justifié devant le Dieu des catholiques, doit répugner instinctivement à la société chrétienne.

Soli Deo, Uno et Trino, sit gloria in terrâ.

APPENDICE A LA GÉNÉALOGIE

COMPRENANT

DES DOCUMENTS FOURNIS POSTÉRIEUREMENT PAR DIVERS.

———————

Depuis l'impression de cette Généalogie, j'ai reçu de trois côtés différents, des documents importants qui viennent corroborer et étendre les preuves que j'en ai données. Je crois utile de les publier, pour compléter le travail que j'ai entrepris, et réunir ici tout ce qui concerne ma famille, dans un passé qui s'éloigne sans cesse de nous et de la mémoire des hommes. Cette œuvre est utile pour conserver des sentiments élevés à ma postérité.

D'abord, M. Beauchet-Filleau, qui a publié dernièrement le *Dictionnaire des Familles de l'ancien Poitou*, et à qui nous avons adressé un exemplaire de la Généalogie de la Maison de Regnon, nous a aussitôt fait connaître, qu'il avait, pendant les recherches nombreuses faites pour la publication de son *Dictionnaire héraldique du Poitou*, fréquemment *rencontré mon nom*, et *qu'il avait alors formé un dossier* assez volumineux faisant mention d'actes qui intéressent ma famille. Il n'avait pu les insérer dans sa publication, parce qu'il ne connaissait pas ma résidence, pour me demander mes titres et documents à consulter. Il m'offrait, en conséquence, de m'envoyer copie de son dossier, certifiée par lui, d'autant mieux que, possédant dans son cabinet les minutes originales des confirmations de noblesse rendues par M. de Maupeou, intendant de Poitiers (manuscrit en trois volumes in-folio), il avait remarqué qu'il existait dans ces minutes originales une maintenue de noblesse du 11 juillet 1700 que je ne connaissais pas, puisque je n'en

1859

avais fait aucune mention dans ma Généalogie, bien qu'elle éclairât utilement une filiation de cette époque.

Voici donc les pièces indiquées par M. Beauchet-Filleau, avec les numéros et folios des registres où elles sont classées dans son cabinet héraldique et généalogique. Il nous en a envoyé les extraits confirmés par sa signature, qui vaut tant comme auteur du *Dictionnaire des Familles de l'ancien Poitou* que comme juge-de-paix, dont il remplit aujourd'hui les fonctions à Chef-Boutonne (Deux-Sèvres).

N° I (AN 1440).

Jean Regnon, abbé de l'abbaye royale de Fontenelle, mourut au mois de juin 1440.

(*Registre* 17, N° 50, *d'après les manuscrits de Dom Fonteneau.*) (1).

N° II (AN 1491).

Pierre Regnon, écuyer, seigneur de la Gautronnière, comparaît à Rocheservière au ban de la noblesse du Poitou, convoquée en 1491.

(*Extrait du Registre* 15, N° 5.)

N° III (AN 1581).

Jean Regnon, écuyer, seigneur de la Braconnière, possédait le 3 juillet 1581, dans la terre des Essarts ; il rend aussi, le 11 octobre 1600, un aveu au seigneur évêque de Luçon.

(*Registre* 18, N° 63, *manuscrit de Dom Fonteneau.*)

N° IV (AN 1588).

Louis Regnon, écuyer, seigneur de Chaligny et de la Maison-Neuve, et damoiselle Françoise de la Gruhe, son épouse, font divers actes d'échange d'héritages le 25 juillet 1588.

(*Original, Archives de l'Évêché de Luçon. — Registre* 18, N° 63, *d'après les manuscrits de Dom Fonteneau.*)

---

(1) Dom Fonteneau est très-connu : c'est lui qui a recueilli à Poitiers, au commencement de ce siècle, toutes les pièces des familles nobles du Poitou, qui se trouvèrent égarées par suite de la révolution de 1793. Il en a fait une précieuse compilation qui existe aujourd'hui à la bibliothèque publique de Poitiers, avec tous les papiers originaux recueillis. Dom Fonteneau fait autorité en cette matière.

N° V (an 1600).

Aveu rendu par Louis Regnon, écuyer, seigneur de Chaligny, la Maison-Neuve et Fief-Ratault, à haut et puissant Antoine Barlot, écuyer, seigneur du Chastelier, de la terre et seigneurie de Pouillé, par acte du 9 novembre 1600.

(Original, Archives de M. Fillon. — Registre 8, f° 201.)

N° VI (an 1604).

Noble et puissant François Regnon, seigneur de la Gautronnière (paroisse des Clouzeaux), transigea le 9 août 1604 sur des droits qu'il prétendait dans l'église des Clouzeaux, avec noble et puissant Paul Robert, seigneur de la Rochette.

Il est qualifié de seigneur de la Gautronnière et de Puymaufrais, dans un acte du 11 décembre 1606.

(Registre 18, N° 64, d'après les manuscrits de Dom Fonteneau).

N° VII (an 1623).

Contrat de mariage de Jean Regnon, écuyer, fils de haut et puissant François Regnon, seigneur de la Gautronnière et de Puymaufrais, et de damoiselle Jacquette Marin, demeurant au lieu noble de Boiseau, paroisse d'Avrillé, avec damoiselle Angélique Foucher, fille puinée de haut et puissant Jacques Foucher, chevalier, seigneur du gué Sainte-Flaive, Longeville, la Michenotière et la Brétinière, gentilhomme ordinaire de la chambre du Roi, et de feue Hélène Barlot, sa femme en premières noces, en date du 15 octobre 1623.

Étaient présents : Joachim Foucher, seigneur de Villeneuve, curateur de la future ; Louis Regnon, écuyer, seigneur de Chaligny, et plusieurs autres.

(L'original est au château de Puyguyon. — Registre 18, N° 68, d'après les manuscrits de Dom Fonteneau.)

N° VIII (an 1628).

Noble et puissant Louis (II) Regnon, seigneur de Chaligny et de la Ranconnière, reçoit le 24 septembre 1628, un aveu de Jehan Gourd, écuyer, seigneur de la Villehervé et des Ardilliers.

(Notes communiquées par M. Grimonard, de Saint-Laurent. — Registre 14, f° 652.)

N° IX (an 1634).

Louis Regnon, écuyer, seigneur de Chaligny et des Bigottières, vivait le 23 juillet 1634.

(Registre 18, N° 64, d'après les manuscrits de Dom Fonteneau.)

N° X (an 1634).

Haut et puissant Louis Regnon, seigneur de Chaligny, de la Ranconnière, de la Chevalerie, etc., reçoit, à cause de cette dernière seigneurie, le 13 juillet 1634, un aveu de la Maison-Neuve de Sainte-Gemme, que lui rend Pierre Barraud, écuyer, seigneur de la Rivière (de Saint-Martin-sous-Mouzeil).

(Note communiquée par M. Grimonard, de Saint-Laurent. — Registre 14, f° 640.)

N° XI (an 1642).

Donation faite par Jacques Adam, chevalier, seigneur de la Combe, et damoiselle Marguerite de Maricourt, son épouse, en faveur de Charles Adam, écuyer, seigneur de Chateaupers, leur fils aîné, et de damoiselle Marguerite Regnon, son épouse *(fille d'Alain Regnon)*, passée à la Combe, le 17 mars 1642, reçue par Piet, notaire royal, insinuée au greffe de Saint-Maixent, le 15 mai 1642.

(Registre 1, f° 151.)

N° XII (an 1654).

Hélie Regnon, chevalier, seigneur de Chaligny en Poitou, y demeurant, entreprend, conjointement avec le seigneur de Champagné (Gabriel des Villates, chevalier, son gendre), des travaux de desséchement de 4 à 5,000 arpents de marais, le 7 juin 1654.

(Registre 18, N° 64, d'après les manuscrits de Dom Fonteneau.)

N° XIII (an 1666).

Damoiselle Magdeleine Regnon, fille de feu Gaston Regnon, chevalier, seigneur de la Gautronnière, était mineure, et rendait un aveu le 23 octobre 1666.

(Registre 18, N° 64, d'après les manuscrits de Dom Fonteneau.)

N° XIV (an 1689).

Regnon de Chaligny *(Henri)* servit au ban et arrière-ban de la noblesse du Poitou, en 1689, dont la première brigade s'assembla à Bressuire, le 24 mai ; la deuxième, à Montcoutant, le 26 mai ; et la troisième, dont il faisait partie, à la Châtaigneraye, ce même jour 26 mai.

(Affiches du Poitou, année 1780, N°s 1, 2 et 3.)

N° XV (an 1691).

Henri de Regnon, seigneur de Chaligny, servit au ban de 1691.

(Affiches du Poitou, année 1777, N°s 38, 39 et 40.)

N° XVI (an 1701).

Foi et hommage rendu à la seigneurie de la Baubinière, par François Merland, sieur de la Garnière, au nom et comme fondé de procuration de messire Louis Regnon, chevalier, seigneur de Chaligny, à cause de ses fiefs de la Ratellière et Pattellière, ledit hommage en date du 14 mai 1701, reçu par les officiers de la Baubinière. Signé Gaste Hameau.

(Extrait des preuves de l'Ordre de Malte de Bejarry.)

N° XVII (an 1703).

Partage noble fait par messire Henri Regnon, chevalier, entre Louis Regnon, chevalier, son fils, et de dame défunte Renée de Saligné, et dame Suzanne Regnon, femme et commune en biens de messire François Grelier, chevalier, seigneur des Aspoix, de lui dûment autorisée, ladite dame des Aspoix, fille dudit seigneur de Chaligny, Henri Regnon, et de ladite dame de Saligné, des biens dudit seigneur de Chaligny et de ceux des successions de ladite dame de Saligné, leur mère, et la dame de Thévalle, leur tante ; par lequel partage, il paraît que pour les préciput et droit d'aînesse dudit messire Louis Regnon, il lui demeure les terres et seigneuries de Chaligny, Boissorin et la Lardière, avec toutes leurs appartenances. Ledit partage en date du 5 octobre 1703, reçu Bouteville et Charrier, notaires, rapporté signé de toutes les parties, et contrôlé à la Caillère par Micheau.

(Extrait des preuves de l'Ordre de Malte de Gaspard de Bejarry.)

(Voir cette même pièce mentionnée au N° 53 de la présente Généalogie, page 30.)

N° XVIII (an 1708).

Hommage rendu à la baronnie d'Angrée, par François Merland, sieur de la Garnière, au nom et comme fondé de procuration de messire Louis III Regnon, seigneur de Chaligny, à cause de ses terres, fiefs et seigneuries des Gondollières, comme héritier de défunte dame Suzanne de Saligné, en son vivant épouse de messire Joachim de Patras, écuyer, seigneur de Thévalle. Ledit hommage en date du 14 mai 1708, signé Merland, et des officiers de justice de la juridiction d'Angrée, qui l'ont reçu. Signé Planchet, greffier.

(Extrait des preuves de Malte en 1780, pour Gaspard de Bejarry.)

N° XIX (an 1719).

Regnon Louis III, chevalier, seigneur de Chaligny, et dame Suzanne Regnon, épouse de messire François Grelier, chevalier, seigneur des Aspoix, se portent héritiers bénéficiaires de feu Henri Regnon, chevalier, seigneur de Chaligny, leur père, le 5 août 1719.

(Registre 18, N° 65, d'après les manuscrits de Dom Fonteneau.)

N° XX (AN 1735).

Accord fait entre damoiselle Perside de Kerveno, Lydie de Kerveno, épouse de messire Jacques-Pierre Le Roux (*de la Corbinière*), chevalier, seigneur de la Civrenière; messire Frédéric de Regnon, chevalier, seigneur du Page, faisant tant pour lui que comme père et loyal administrateur de ses enfants, de feue dame Junie de Kerveno, sa femme, et messire Jean Clabat, chevalier, seigneur du Chillou, faisant tant pour lui que pour dame Suzanne de Kerveno, son épouse, pour cause de la succession de feue Jeanne-Benigne de Brion, leur mère, veuve de feu messire René de Kerveno, chevalier, seigneur de Léraudière, etc., etc., 17 mai 1735.

(*Original, Archives du département de la Vienne.* — *Registre* 14, f°s 612 et 613.)

N° XXI (AN 1789).

Messire Louis-Bénigne-Jean, marquis de Regnon, comparaît par procureur, à l'assemblée de la noblesse, convoquée en 1789 à Poitiers, pour nommer des députés aux États-Généraux de France.

(*Registre* 27, f°s 39, 55 et 106.)

Pour extraits conformes aux documents contenus ès-registres :

1er, f° 151 ; — 2e, f° 126 ; — 8e, f° 201 ; — 12e, f° 321 ; — 13e, f°s 98 et 99 ; — 14e, f°s 612, 613, 640, 652 ; — 15e, N° 5 ; — 17e, N° 50 ; — 18e, N°s 63, 64, 65 et 68 ; — 23e, f° 242 ; — 25e, f° 22 ; — 27e, f°s 39, 55 et 106 ; — et 140e, f° 273.

Conservés dans mon cabinet.

Chef-Boutonne, le 14 août 1859.

L. BEAUCHET-FILLEAU,

JUGE-DE-PAIX,

Auteur du Dictionnaire des Familles de l'ancien Poitou.

La maintenue de noblesse suivante, dont M. Beauchet-Filleau nous a transmis une expédition certifiée conforme, et extraite des *minutes originales des confirmations de noblesse* rendues par M. de Maupeou, intendant de la généralité de Poitiers (manuscrit relié en 3 volumes in-folio, dont M. Beauchet-Filleau est devenu le possesseur), comble quelques lacunes dans la Généalogie, comme nous allons les indiquer. Cette maintenue de noblesse du 11 juillet 1700 que nous ne connaissions pas, forme la onzième de celles obtenues par la famille, et doit être ajoutée aux N°⁸ 27, 28, 29, 30, 54, 55, 56, 57, 58 et 61, mentionnés aux *extraits des titres primitifs et originaux.* (Voir la Généalogie, pages 21 à 30.)

MAINTENUE DE NOBLESSE *délivrée, au profit de Messire Joseph de Regnon, Seigneur de la Gautronnière, le 11 juillet 1700,*

Par M. de Meaupeou, intendant de la généralité de Poitiers.

DU 11 JUILLET 1700.

Entre le procureur du Roi, etc., etc., etc., et Joseph Regnon, écuyer, seigneur de la Gautronnière, etc.,

Vu la déclaration de Sa Majesté, du 4 septembre 1696, l'arrest du conseil rendu en conséquence le 26 février 1697, et la requeste à nous présentée par ledit sieur Regnon, aux fins d'être déchargé de l'assignation à lui donnée, par devant nous ; notre ordonnance étant au bas de ladite requeste, portant qu'elle soit communiquée au sieur Lagrange, commis à la recherche des usurpateurs du titre de noblesse, et montrée au procureur de la commission ;

Réponse dudit sieur Lagrange étant ensuite, par laquelle il déclare n'avoir moyens pour empescher que ledit Regnon soit maintenu en sa noblesse :

Contrat de mariage de Jean Regnon, écuyer, seigneur de la Gautronnière, avec damoiselle Catherine Jaillard, passé par devant Brochard, notaire, le 14 janvier 1549.

Contrat de mariage de Louis Regnon, écuyer, seigneur de la Maison-Neuve, passé par devant Morin et Bouhier, notaires à Sainte-Hermine, le 4 janvier 1571, par lequel il paraît que ledit Louis Regnon, écuyer, est frère de Jean Regnon, écuyer, seigneur de la Gautronnière (1).

Transaction en forme de partage noble, passé entre François Regnon, écuyer, seigneur de la Gautronnière, fils aîné de Jean Regnon, tant pour lui que pour ses frères, et Louis Regnon, écuyer, seigneur de la Maison-Neuve, son oncle, des biens de la succession de damoiselle Louise du Chaillou, aïeule de François Regnon et mère de Louis Regnon, par devant Barbier et Guerry, notaires de Saint-Hilaire-le-Vouhis, le 23 avril 1596, signé Cressart, notaire, comme subrogé à la pratique de Barbier (2).

(1) Voir le N° 20 des extraits des pièces primitives, publiés dans la Généalogie actuelle, page 25.

(2) Voir les N°⁸ 22 et 56 des extraits des pièces primitives publiés dans la Généalogie actuelle, pages 25 et 27.

Transaction passée entre François Regnon, écuyer, seigneur de la Gautronnière, et Louis Regnon, écuyer, seigneur de Chaligny, par devant Drouet et Girard, notaires à Saint-Hilaire-le-Vouhis, le 5 octobre 1607 (1).

Contrat de mariage de Jean Regnon, chevalier, seigneur de la Gautronnière, fils de François Regnon, chevalier, et de dame Jacquette Marin, avec damoiselle Marie Robert, sa seconde femme, passé par devant Gratton et Frappier, notaires, en la châtellenie d'Aubigny, le 1er avril 1643.

Contrat de mariage de Paul Regnon de la Gautronnière, chevalier, seigneur de Laudouinière, fils de Jean Regnon, écuyer, avec damoiselle Angélique de la Tribouille, passé par devant Brossier, notaire de la baronnie de Montfaucon, le 22 mai 1673.

Contrat de mariage de Joseph Regnon, chevalier, seigneur de la Gautronnière, fils de Paul Regnon, chevalier, et de dame Angélique de la Tribouille, avec damoiselle Marguerite Cornu, passé par devant Hardy et Lalande, notaires à Nantes, le 2 décembre 1698.

Procès-verbal des titres et pièces ci-dessus énoncés.

Généalogie dudit sieur Regnon, justifiée par les titres et pièces mentionnés au procès-verbal.

Conclusions du procureur du Roi, par lesquelles il n'empesche que ledit sieur Regnon soit déchargé de l'assignation à lui donnée, et qu'il soit maintenu dans sa noblesse.

Tout considéré, faisant droit sur l'instance,

Nous, intendant et commissaire susdit, avons déchargé ledit Joseph Regnon, écuyer, seigneur de la Gautronnière, de l'assignation à lui donnée, ORDONNONS que lui, ses successeurs, enfants nés et à naître, en loyal mariage, jouiront de tous les priviléges, honneurs et exemptions, attribués et accordés par SA MAJESTÉ aux nobles de son royaume, tant qu'ils ne feront pas acte de dérogeance à noblesse. Faisons défense à toute personne de les troubler à peine de mille livres d'amende, et pour cet effet ordonnons que ledit sieur Regnon, sera inscript dans le catalogue des gentilshommes de la généralité de Poitiers, qui sera dressé et arresté, conformément aux arrests du CONSEIL dudit jour 26 février 1697, et employés aux rolles des tailles des paroisses de leurs demeures aux chapitres des nobles et exempts.

Fait à Poitiers, ce 11 juillet 1700.

Signé DE MAUPEOU.

Pour copie conforme aux minutes des ordonnances de confirmations de noblesse rendues par M. de Maupeou, intendant de Poitou, et conservées dans notre cabinet (héraldique et généalogique), sous les Nos 21, 22 et 23, section des manuscrits (registre 23, folios 291, 292, 293).

Chef-Boutonne, le 28 juillet 1859.

Signé : L. BEAUCHET-FILLEAU,
JUGE-DE-PAIX,
Auteur du Dictionnaire des Familles de l'ancien Poitou.

---

(1) Voir le N° 56 des extraits des pièces primitives publiés dans la Généalogie actuelle, page 27.

Par cette maintenue de noblesse du 11 juillet 1700, il devient facile de compléter un ordre de filiation omise à la page 8ᵉ de la Généalogie.

Ainsi Jean Regnon, IIIᵉ du nom, qui épousa en secondes noces damoiselle Marie-Robert de Lézardière, fille de messire Pierre de Lézardière, gentilhomme de la chambre du Roi, par acte passé devant Gratton et Frappier, notaires en la châtellenie d'Aubigny, le 1ᵉʳ avril 1643,

En eut un fils (de ce second lit), nommé Paul Regnon, qui fut chevalier, seigneur de Laudouinière, et commença une branche collatérale dite de Laudouinière.

Ce Paul Regnon, seigneur de Laudouinière, épousa damoiselle Angélique de la Tribouille, par acte passé par devant Brossier, notaire de la baronnie de Montfaucon, le 22 mai 1673, et il en eut un fils nommé Joseph Regnon, lequel hérita après la mort des deux fils de Gaston, seigneur de la Gautronnière, vers 1670, de la seigneurie de la Gautronnière.

Celui-ci, Joseph Regnon, qualifié de chevalier, seigneur de la Gautronnière, épousa damoiselle Marguerite Cornu; acte passé par devant Hardy et Lalande, notaires à Nantes, le 2 décembre 1698. C'est lui qui obtint en sa faveur la maintenue de noblesse ci-dessus du 11 juillet 1700, pendant que son cousin du 5 au 5ᵉ degré, Henri Regnon, chevalier, seigneur de Chaligny, en obtenait une autre pour confirmation de noblesse, délivrée en sa propre faveur, le 19 mars 1700, par le même intendant de Poitiers, M. de Maupeou, et dont il est fait mention au Nᵒ 57, page 31 de la Généalogie.

Ce Joseph Regnon eut, de son mariage indiqué ci-dessus, un fils, Joseph II, qui mourut garçon, et en lui s'éteignit toute postérité des Regnon de la Gautronnière, vers 1757.

TITRES AUTHENTIQUES ET ACTES DE L'ÉTAT-CIVIL

A L'APPUI DE L'ORDRE DE MALTE

Pour noble Jean-François-Hippolyte Regnon, et pour son frère Pierre-Henri Regnon (1).

1er TITRE ORIGINAL (AUTOGRAPHE.)

Lettre du grand-maître de l'Ordre de Malte Don Antonio Manoël de Villhena, qui nomme noble Jean-François-Hippolyte Regnon, PAGE *du grand-maître.*

MAGISTER HOSP^{LIS}

ET

SANTI SEPULCHRI HYELEM.

« Vénérable Très-Cher et bien amé Religieux, nous ayant été fait
» instance qu'il nous plut recevoir au nombre des Pages destinés pour
» notre service, noble Jean-François-Hippolyte Regnon, fils de noble
» messire Frédéric dudit nom, et de dame Junie de Kerveno, nous lui
» avons volontiers accordé cette grâce; ce qui nous oblige à vous avertir
» de ne faire aucune difficulté de tenir assemblée extraordinaire en quelque
» temps que ce soit et aussitôt que vous en serez requis, tant pour lui
» donner des commissaires que pour recevoir les preuves de sa légitimation
» et noblesse, pourvu qu'il ait auparavant fait apparaître d'avoir l'âge de
» onze ans porté par nos statuts.

» Sur ce, nous prions Dieu qu'il conserve votre vénérable personne en
» sa sainte et digne garde.

» A Malte, le 28 octobre 1726.

» Signé : MANOEL. »

Au vénérable Grand Prieur d'Aquitaine ou à son Lieutenant.

---

(1) Ces titres ont été indiqués page 41 de la Généalogie comme devant exister dans la succession de M. Pontois, principal du collége de Thouars en 1822. En effet, ils viennent d'y être retrouvés, et M. Pontois fils me les a cédés moyennant prix convenu, et ils sont aujourd'hui en ma possession. J'engage mes enfants à les bien conserver.

2° TITRE ORIGINAL.

Minute du procès-verbal de l'assemblée des commandeurs de Malte qui, en vertu de la lettre du grand-maître de Malte, nomme des commissaires pour recevoir les preuves de noblesse de messire Jean-François-Hippolyte Regnon.

Aujourd'hui, le onze de mars mil sept cent vingt-sept,

A la réquisition de *noble Jean-François-Hippolyte* REGNON, fils de noble messire Frédéric dudit nom, et de dame Junie de Kerveno,

S'est tenue une assemblée extraordinaire au Grand Prieuré d'Aquitaine, en la ville de Poitiers, en l'hôtel de Saint-Georges;

Président, illustre Monsieur le chevalier frère Joseph de Lesmerie-d'Eschoisy, commandeur des commanderies de Leblizons et de Fretay, receveur et procureur pour son ordre dans ledit Grand Prieuré d'Aquitaine;

Où se sont trouvés Messieurs les commandeurs de la Groye d'Allogny, de Bessay, et de Montenay, chancelier en ledit Prieuré, tenant ladite assemblée extraordinaire;

Dans laquelle s'est levé le seigneur d'Eschoisy, Président, qui a donné lecture d'une lettre-missive de SON ALTESSE Monseigneur le Grand-Maître, en faveur dudit *noble Jean-François-Hippolyte Regnon,* destiné pour *Page* de SON ALTESSE, laquelle enjoint au vénérable Grand Prieur ou à son lieutenant, de tenir ladite assemblée extraordinaire, pour lui nommer des commissaires pour faire ses preuves; ladite lettre-missive datée de Malte le vingt-huit octobre mil sept cent vingt-six, signée *Manoël.*

Et à l'instant, a comparu Monsieur le comte de Bessay qui a présenté à cette vénérable assemblée l'extrait des registres de la vénérable Langue de France du neuf janvier mil sept cent vingt-sept, dont on a pris lecture et qui porte expressément que le prétendant peut demander des commissaires pour procéder au procès-verbal de ses preuves; ledit extrait signé des procureurs de la vénérable Langue de France : le chevalier frère de Rouville, le chevalier de la Bourdonnay, le chevalier de Custine, frère Jean-Louis Godaot de Beaulieu, secrétaire;

Sur quoi, Monsieur et Messieurs, procédant avec voix, suffrages et balottes, *nemine discrepante,* ont été de sentiment de lui nommer des commissaires; et sont échus, par sort : Messieurs les commandeurs de la Corbinière ([1]), Martel, commandeur de Sainte-Catherine de Nantes, Messieurs les commandeurs d'Yrtaut et de la Tour-Landry, ou deux d'iceux.

Donné et fait audit Poitiers, en l'hôtel de Saint-Georges, les susdits jour, mois et an que dessus, soubs nos seings.

Signé :

LESMERIE-D'ESCHOISY;
Le chevalier D'ALLOGNY, commandeur d'Oson;
Le chevalier fr. J. DE BESSAY ([2]);
Le commandeur fr. DE MONTENAY, chancelier au Grand
Prieuré d'Aquitaine.

AVEC CACHET DU GRAND PRIEURÉ.

Un aigle de face avec les ailes étendues, portant au-dessus
de l'aile droite *une croix,*
et au-dessus de l'aile gauche *une fleur de lis.*

---

(1) Le commandeur Victor-Henri Le Roux de la Corbinière était frère de Pierre Le Roux de la Corbinière, qui épousa damoiselle Lydie de Kerveno, sœur de Junie de Kerveno, mère de Jean-François-Hippolyte. (Voir l'article XX (1735), page VI de l'Appendice.)

(2) Jacques de Bessay, qui est porté comme commandeur dans cet acte, n'a pas signé comme commandeur d'Amboise qui était son titre. Il était le cousin doublement issu de germain de Frédéric de Regnon, père de Jean-François-Hippolyte. (Voir page 11 de la Généalogie.)

ACTES D'ÉTAT-CIVIL

Qui prouvent l'époque où existaient Jean-François-Hippolyte de Regnon et son frère Pierre-Henri, tous deux chevaliers de l'Ordre de Saint-Jean-de-Jérusalem.

1°

Extrait du registre de l'État-Civil de la commune du Simon, de l'année 1731, conservé jusqu'à présent au Simon.

« Le trois juin mil sept cent trente-et-un, a été baptisé Hippolyte-Antonin-Hiérôme Rivaland,
» né ce jour du légitime mariage de M. Nicolas Rivaland, précepteur de la jeunesse de cette paroisse
» et notaire de la juridiction de Bessay. Le parrain a été NOBLE HIPPOLYTE REGNON, *chevalier de*
» *Saint-Jean-de-Hiérusalem;* la marraine, damoiselle Marie-Françoise Crémois, tous de cette pa-
» roisse, qui se sont soussignés avec nous. »

Ainsi signé au registre :

> JEAN-FRANÇOIS-HIPPOLYTE REGNON, chevalier de l'Ordre de Saint-Jean-de-
> Jérusalem ; MARIE-FRANÇOISE CRÉMOIS ; JEAN GUÉRIN, prêtre, curé du Simon.

Certifié conforme au registre, en mairie du Simon-la-Vineuse, le 16 août 1859.

LE MAIRE,
Signé : SEGUIN.

(Cachet de la Mairie.)

(Cachet du Tribunal.)   Vu pour légalisation de la signature de M. Seguin, maire du
Simon-la-Vineuse, en cet arrondissement, apposée ci-dessus.

Fontenay-le-Comte, le 22 août 1859.

Pour le Président du Tribunal Civil,
Signé : BRUNETIÈRE,
JUGE.

Jean-François-Hippolyte Regnon est né le 29 juillet 1714, baptisé et inscrit au même registre du Simon, le 1er août suivant, comme fils de M. Frédéric de Regnon, chevalier, seigneur du Page et de la Ranconnière, et de dame Junie de Kerveno.

Il avait donc dix-sept ans quand il fut parrain ; il avait été nommé PAGE du Grand-Maître de l'Ordre de Malte à douze ans (en 1726).

2°

Extrait du registre de l'État-Civil de la commune du Simon, de l'année 1736.

« Le trois juin mil sept cent trente-six, a été baptisée Benigne-Henriette, née du jour précédent,
» du légitime mariage de Guillaume Boilard et de Perrine Boisseau, ses père et mère. Le parrain a
» été messire Henri Regnon, *chevalier de l'Ordre de Saint-Jean-de-Jérusalem;* la marraine,
» damoiselle Benigne-Henriette Regnon, tous de cette paroisse. »

Signés au registre :

Chevalier Regnon ;

Benigne-Henriette Regnon du Page ;

Jⁿ Guérin, curé du Simon.

Certifié conforme au registre, en mairie du Simon-la-Vineuse, le 16 août 1859.

LE MAIRE,

(Cachet de la Mairie.)   Signé : SEGUIN.

Vu pour légalisation de la signature de M. Seguin, maire de la commune du Simon-la-Vineuse,
apposée ci-dessus.

Fontenay-le-Comte, le 22 août 1859.

Pour le Président du Tribunal Civil,

(Cachet du Tribunal.)   Signé : BRUNETIÈRE,

JUGE.

Pierre-Henri Regnon est né et baptisé le 1ᵉʳ décembre 1719, et inscrit au même registre du Simon
comme fils de messire Frédéric Regnon, chevalier, seigneur du Page et de la Ranconnière, et de dame
Junie de Kerveno.

Il avait donc dix-sept ans quand il signa l'acte ci-dessus. De plus, il avait déjà été, deux ans plus tôt,
une première fois parrain avec sa même sœur, Benigne-Henriette Regnon, dans une autre circonstance,
comme l'atteste le registre du Simon, dont voici l'extrait seulement certifié par le curé actuel du Simon-
la-Vineuse, M. l'abbé Girard. Nous avons jugé superflu d'en retirer un acte dûment légalisé comme
ci-dessus.

« Le vingt-trois novembre mil sept cent trente-quatre est née, et le jour suivant vingt-quatre, a été
» baptisée Geneviève-Radégonde, du légitime mariage de Jean Bibard et d'Anne Faucher, ses père et
» mère. Le parrain a été messire Henri Regnon, *chevalier de l'Ordre de Saint-Jean-de-Jérusalem;* la
» marraine, damoiselle Benigne-Henriette Regnon, tous de cette paroisse. »

Signés au registre :   Chevalier Regnon ;

Benigne-Henriette Regnon ;

Jⁿ Guérin, curé du Simon.

Autres Renseignements *trouvés sur les Registres d'État-Civil de la commune du Simon-la-Vineuse, d'où dépendait le château de la Ranconnière, brûlé en 1793.*

M. l'abbé Girard, curé actuel du Simon-la-Vineuse, m'écrit qu'en parcourant le registre spécial de la paroisse de la Vineuse, réunie aujourd'hui avec celle du Simon, il a trouvé la signature d'un frère des deux chevaliers de Malte apposée à un acte de mariage de 1743, ainsi établie : *I. Benigne de Regnon, abbé de Saint-Maurice-de-Carnoët.* On trouve au registre du Simon, sous la date du 19 novembre 1716, l'acte de baptême de cet abbé, qui fut vicaire-général de son cousin, Mgr de Mauclerc de la Musanchère, évêque de Nantes, et qui mourut en 1780. (Voir les *Almanachs Royaux de France*, de 1740 à 1780, à l'article de l'Abbaye royale de Carnoët.)

De plus, en remontant plus haut dans les anciens registres d'état-civil du Simon, on trouve, d'après les indications écrites qui m'ont été transmises par M. le curé du Simon-la-Vineuse, que la Ranconnière (dite alors Rataudière), était possédée par messire Alain **Regnon**, seigneur de la Rataudière et du Simon. C'est le second fils de Jean II, seigneur de la Gautronnière, et de dame Catherine Jaillard, sa mère. Il était frère de François Regnon, seigneur de la Gautronnière.

Cet Alain Regnon épousa, le 1er juin 1609, damoiselle Marguerite Croisé, avec laquelle il demeura longtemps à la Ranconnière, paroisse du Simon. Il en eut six enfants, qui tous furent baptisés au Simon, et se trouvent inscrits sur les registres existant aujourd'hui, savoir : en 1610, Marie Regnon ; en 1611, Catherine Regnon ; en 1612, Suzanne Regnon ; en 1613, Charles Regnon ; en 1615, Marguerite Regnon ; en 1617, Alain Regnon.

De ces six enfants, il ne survécut que Marguerite Regnon, qui épousa, en 1634, haut et puissant Charles Adam, écuyer, seigneur de la Coudraye, de Châteaupers, fils aîné de haut et puissant Jacques Adam, chevalier, seigneur de la Combe, et de dame Marguerite de Maricourt. On trouve sur ledit registre du Simon (actuellement conservé), que trois enfants sont nés de cette alliance, savoir : en 1635, Marie Adam ; en 1636, Louis Adam ; et, plus tard, Antoine Adam. En 1679, vivait encore Charles Adam, qui assistait à un mariage inscrit au registre du Simon : et il y est qualifié de haut et puissant messire Charles Adam, écuyer, seigneur, *fondateur de la paroisse du Simon.*

En 1686 et années suivantes, on ne trouve sur le registre du Simon qu'une dame Adam, dame du Simon, qui paraît avoir survécu à toute la famille Adam.

Mais, en 1712, on y retrouve le nom de messire Frédéric de Regnon (branche Ranconnière), seigneur du Simon et de la Ranconnière, marié à damoiselle Junie de Kerveno. Leurs enfants ont été baptisés au Simon, et sont inscrits sur les registres aujourd'hui conservés, comme on le voit plus haut.

D'après ce qui précède, on peut raisonnablement croire qu'après l'extinction de la postérité issue de Charles Adam et de sa femme Marguerite Regnon, fille d'Alain Regnon, la Ranconnière et le Simon, qui étaient possédés de fait par ce dernier, comme le constate le registre actuel du Simon, de 1610 à 1635, ont fait retour, en 1712, à la famille de Regnon, par voie de rachat à titre lignager.

Résumé de l'Appendice.

1° Indication d'autres documents anciens fournis par M. Beauchet-Filleau sur l'ancienneté de la noblesse de la famille.

2° Titres authentiques et autographes qui prouvent l'admission de deux membres dans l'ordre de Malte.

Et 3° Preuves légales tirées d'actes d'état-civil de l'existence des deux chevaliers de Malte.

Nantes, le 1er octobre 1859.

Certifié conforme par nous soussigné,

Le Marquis Hippolyte DE REGNON,

Membre de l'Académie Pontificale de la Religion catholique à Rome.

RECTIFICATIONS ET ADDITIONS.

Page   6, Pierre Regnon, voir Appendice, page II, N° II.
—   7, Jean II, voir Appendice, page VII, ligne 18.
—   7, François,   —   page III, N° VI.
—   8, Jean III,   —   page III, N° VII et page VIII.
— 10, ligne 3, *au lieu de* 1560, *lisez* 1571. Voir page 25, N° 20, et Appendice, page II, N° IV.
— 11, Louis II, voir page 27, N° 31.
— 11, Hélie I,   —   28, N° 40.
— 12, Henri,   —   30, N° 50.
— 12, Louis III,   —   31, N° 59.
— 13, Henri-Paul, —   31, N° 61.
— 13, Henri-Gabriel fut marié le 30 octobre 1764.
— 16, ligne 23, *au lieu de* 1560, *lisez* 1571.
— 34, ligne 8, *au lieu de* Maire, *lisez* Vicaire-Général.

7205 — Nantes, Imprimerie Charpentier, Rue de Fosse, 52.